美人折

历代奇女子美丽与哀愁的故事

刘倚含 / 著

文汇出版社

图书在版编目（CIP）数据

美人折 / 刘倚含著.-上海：文汇出版社，2017.12

ISBN 978-7-5496-1927-6

Ⅰ.①美… Ⅱ.①刘… Ⅲ.①女性-名人-列传-中国-古代 Ⅳ.①K828.5

中国版本图书馆CIP数据核字（2016）第290605号

美人折

作　者 /	刘倚含
责任编辑 /	甘　棠
特约编辑 /	東　枋
装帧设计 /	弭弭Design
出 版 人 /	桂国强
选题策划 /	蔡建光
出版发行 /	文匯出版社
	上海市威海路755号
	（邮政编码200041）
经　销 /	全国新华书店
印刷装订 /	北京柯蓝博泰印务有限公司
版　次 /	2017年12月第1版
印　次 /	2017年12月第1次印刷
开　本 /	710×1000　1/16　字数 / 207千　印张 / 15.25
书　号 /	ISBN 978-7-5496-1927-6
定　价 /	36.00元

目录 Contents

一章 / 好好爱过你一场，在不爱你之前

卞玉京·爱错了时间，不如说爱错了人。如人生，不碰到你，该有多精彩。　　002
王　微·她的美是宛若天成，存于乱世风云，遇上一段缘分，逃不掉。　　010
赵飞燕·她的爱，执着如火，不愿罢手。应了一场劫难，于是绚烂地结束。　　018

二章 / 你真远，你叫我的心一直走

马湘兰·她是善画竹兰的女子，一生如兰花芬芳逸致。　　026
　　　　遇上了，爱上了，他便成了她的天地。
鱼玄机·易求无价宝，难得有情郎。到底是年轻，真心一旦交付，就交出了所有。　　034
琴　操·若爱，绝不要临危熄火，让思忆灌溉寂寥。爱一场，要爱得盛世风光。　　041

三章 / 一生只为一人去

关盼盼·一旦爱上，天崩地裂。　　050
　　　　她是自始至终地骄傲着，可她是活在世俗中的，亦会为了世俗而死。
绿　珠·她不冤，这生能找到如此男子爱她。　　060
　　　　她美丽铿锵，生死相随，这身勇气，无限的谈资。
花蕊夫人·她曾经和他是那样美好，享受着人世最幸福最好的时光。　　067
　　　　她这一生，爱了他，信了他，执着了他。
虞　姬·这生短暂仓促，却这样坚定不渝地走在一起。　　073
　　　　生与死都不论。因为你在我眼中，无懈可击。

四章 / 无关风月，只为真心

班　昭·她的爱情，婚姻，就像幻影一样。心下虽有遗憾，但她值得所有女子羡慕。　082
李季兰·她如清风朗月，超凡灵秀。　089
　　　　她是俏丽的蔷薇，美丽、叛逆、又孤独。她的一生，出奇的斑斓，隽永。
叶小鸾·她是生而为文的才女，美又慧的红颜。　098
　　　　光景绵长，她的故事，没有开始，惜已结束。

五章 / 情不在至深，恐大梦一场

苏小小·她是眉清目秀的女子，她守着相思，就那样默然相爱，默然别离。　110
　　　　默然，始终是默然。
冯小青·当孤高冷漠遇到了爱情，那层冰冷的外套不攻自破。　118
　　　　一场遇见，牵挂成了两个人的心事。
李香君·缘分使然，遇见了，一眼契心意，二度携手惜，三顾生死相许，故事便开始了。　126
唐　婉·她无法忘记深爱着的男子，无法放弃。　135
　　　　所以情愿等他，哪怕一生一世，无名无分。

六章 / 谁愿欠我一世，任风流，待我好

寇　湄·她如精灵宛转，耀一身的灿烂。　146
　　　　还来不及鼓掌，她却匆匆转身谢幕，留给众人一个潇洒的背影。
陈圆圆·冲冠一怒为红颜，山海关开了，英雄败了，她的故事由此开始，也由此结束。　152
薛素素·她是马背上的女子，似极了侠女。她有满腔的凤愿和惆怅，却无人倾诉无人会。　161

七章 余生请你指教

董小宛·她是幸福的，没有被辜负。 　　　　　　　　　　　　　　170
　　　　她就是这般执着认定了就不放手，即使再怎么难，都不离不弃。
顾横波·她胜了自己，赢了这个时代冷色系的众生。 　　　　　　　　177
　　　　胜了一年，一世，一份情和一段爱。
周　蔷·他们曾经的日子多美好啊，那个只有他们两个人的美好生活。　183
　　　　只是此后，她再也不会苏醒。

八章 春蚕易蜕化，丝子已复生

卓文君·她这一生似乎都在与命运博弈，次次豪赌。 　　　　　　　　194
　　　　用自己当赌注，却次次赢得钵满盆满。
苏若兰·文静若兰，只是输掉了爱情，掉进了一段不幸福的哀伤里。　　203
　　　　一如当年，一般寂寞。

九章 生活让我逆来顺受，我只能对它保持距离

朱淑真·上天给了她不凡的才华，却剥夺了她想要的幸福。　　　　　　212
　　　　她没有失色，只是多了惆怅哀伤，少了期待欢唱。
甄　宓·被人爱是幸福的，但是被权力爱是不幸的。　　　　　　　　　219
　　　　她就是在这样一场输赢难定的迷局中困住了自己。
蔡文姬·她本该是洁白如洗的白云，潇洒飘逸。　　　　　　　　　　　228
　　　　可世道将她错落红尘，孤独、沧凄，如乱世一般的忧伤。

前言

花容天下。

有一些美好。是不尽人收的。

譬如女子。

有一些心事，婉娈沉思。

比如爱情。

手指间纠缠着一些温柔的曲线，缠绕着一生一代的记忆。

尘世是那样的霸道和凌乱，在风尘的寂寞中仿佛可以看透许多如转蓬一般流落的风烟。

在朱砂落眉间，是有风烟华月弹指。美人醉酒就霜镜，微兰迟睡是闲时的浅谈断肠。

人生这场旅途，情事是必过的一关。

爱情如晨露。打湿行人的装囊。长桥一过，奈何化雾。阳光晒透生命的潮

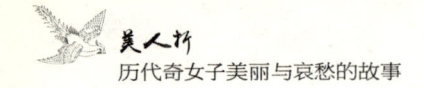

湿深谷，有些感情，向阳而生，灿烂又夺目，而有些情事，便如泡沫般消失得无影无踪。

能够临危熄火的人太少，人人败给了钟点。

所有的情话最终都成了咏叹调。所有的爱人都演了出折子戏。

没有旁白，乐师统统退到一边，上台即唱，唱到幕落灯黑。

一折就足够。

她们的戏十分精彩。

她们或自秦汉泱泱汲水远道，或从唐宋繁华婉婉歌吟而来，或打明清年月里，秦淮河畔走出。

我看见她们。我走近她们。

她们每个人，都有一段经久绝唱的情事。目不暇接，眼花缭乱。

她们以诗文为介质，以千年百年的时光为话筒，为我讲述她们的故事。我努力地抓住她们的声音，靠近她们的心绪，感受她们旧时的思念，进入她们动情的梦境中，尽可能的察觉、洞悉、领会，那些丝丝缠绕着她们心房，撩拨着她们血管的情愫。尽我心力，把她们讲给我的故事讲给你听。

有时候，她们天真烂漫，我陪她们一起喜笑颜开；有时候，她们痛彻心扉，我陪她们一起长歌当哭；有时候，我只能默默地站在一边，看她们自我疗伤，舔舐伤口。

她们的故事，或深情眷顾，或缠绵悱恻，或亲切有味，或唏嘘动人。统统如新月映澈，潋滟微波，各有各的可爱。

你知道吗？少女总道爱人像写诗，浪漫至极，天马行空像李白，挥笔便是

"与尔同销万古愁",潇洒的一身凌云气。其实恋爱这首诗,写成杜子美合韵平淡才好,不工辞藻,不谈外人眼光,只看己心,"城春草木深"也让人泪满襟。

我处在二十岁的年纪开头,关于爱情这件事,她们教给了我各种各样的本事,每每向我倾诉尽所有后,都要加一句,爱情是砒霜,莫要轻易尝试。

可寻情逐爱,如同一场高傲的围猎。不下场玩,如何才算精彩一生。

你说可对?

最后,容我感谢一直帮助我的编辑林老师。从小鼓励我念诗的父母外公。一直支持我的刘诚林先生,和一直陪伴我的闺蜜张艺馨小姐。

最后的最后,亲爱的你。当你拿起这本书,烦请你驻足,听几场折子戏。这戏有关于情事,有关于你。

大千世界遇见你。我呀我,何其有幸。

[一章]

好好爱过你一场，在不爱你之前

卞玉京

爱错了时间，不如说爱错了人。
假如人生，不碰到你，该有多精彩。

该如何起笔写她呢？

与其说她的故事是一场错过，还不如说是一场错误。

我们就从崇祯皇帝朱由检、从风雨飘摇中行将灭亡的大明王朝说起吧。

朱由检是个好皇帝，可大明王朝的腐朽落败倾颓之势，并非一个帝王所能拯救的。那时候的天下，危机四伏，李自成为首的农民起义军一呼百应，关外的清兵虎视眈眈，大明王朝军费吃紧，贪官横生，百姓生活苦不堪言。内忧外患，终致李自成的农民军占领了京城，崇祯皇帝在煤山自缢身亡，吴三桂打开山海关，清军势如破竹。

帝国王朝，土崩瓦解。

瞬间倾颓。

当时的文坛，钱谦益名重一时，能与钱谦益可比肩的，当属吴梅村了。那首"冲冠一怒为红颜"的《圆圆曲》，就是他的杰作。《四库全书总目》评论说："其少作大抵才华艳发，吐纳风流，有藻思绮合、清丽芊绵之致。及乎遭逢丧乱，阅历兴亡，激楚苍凉，风骨弥为遒上。"他的诗，袭元白之风，又有自己的心意，史称"梅村体"。

若不是崇祯皇帝朱笔一挥，"正大博雅，足式诡靡"八个字形容吴梅村的诗文，出身贫寒的吴梅村在舞弊黑暗的科举中怎么能拔得头筹？可以这样说，朱由检是吴梅村一生的贵人。所以后来清兵入关，吴梅村隐居十年，诗文中到处流露着故国不堪回首的悲痛，以示对朱由检的忠诚。但顺治十年，他迫于各方压力出仕，不说外人如何，单单是他心里那关，怕就难过去。为清廷做官，想必是他人生最大的耻辱了。

让我们回到秦淮河畔，回到那个温润的秦淮柔波里！莫谈政事，谈些女儿家的情事。

吴梅村的好友余怀在《板桥杂记》里写到秦淮女子时，曾说道："李、卞为首，沙、顾次之，郑、顿、崔、马，又其次也。"这其中的卞，指的就是卞玉京卞赛。

秦淮美人多多，才问学识不同凡响者亦有许多。卞赛在秦淮风月场上拔得头筹，自然有她的过人之处。相貌身段不用多说，才学文辞不需考虑，音律管弦、丹青舞蹈她也样样不差。

余怀在《板桥杂记》中卷《丽品》曰："卞赛，一曰赛赛，后为女道士，自称玉京道人。知书，工小楷，善画兰、鼓琴。（画兰）喜作风枝袅娜，一落笔，画十余纸。年十八，游吴门，侨居虎丘。湘帘棐几，地无纤尘。见客，初不甚酬对，若遇佳宾，则谐谑间作，谈辞如云，一座倾倒。"

这个女子，除了美艳无双、才情出众外，还豪情万种，潇洒得可爱，坊间有"酒垆寻卞玉京，花底出陈圆圆"之语。她性情热烈，喜欢喝酒，微醺酡红的脸颊,一副风流韵致的媚态,美人醉酒就霜镜,一席宴罢,醉倒无数文人墨客。

他与她的初相遇,就是在一场宴席上。

他是明王朝的国子监司业,她是秦淮名声远扬的歌姬。他说,"玉京与我南中遇"。他们在一起,他不真心,她也虚情假意,杯筹往来,只说今朝酒,只醉今夜怀,从不谈明天。

我说他们逢场作戏,自有我的证据,他曾写香艳的词记录过他们的生活。天下男子,大都自私,若果真爱一个人,恨不得把她藏起来,别人瞧都不要瞧。若真爱一个人,内心云起雾涌,说不出来一个字,而甜言蜜语,大都说给不相干的人听。

何况,当年的他,春风得意,身边女子无数,卞赛的妹妹卞敏也得他宠爱,这个时期他写过许多香奁词句,为许多女子。

有两首为她而作的"艳词"这样写:

《西江月·春思》
娇眼斜回帐底,酥胸紧贴灯前。
匆匆归去五更天,小胆怯谁瞧见。
臂枕余香犹腻,口脂微印方鲜。
云踪雨迹故依然,掉下一床花片。

《醉春风·春思》
门外青骢骑,山外斜阳树。
萧郎何事苦思归,去、去、去。
燕子无情,落花多恨,一天憔悴。

私语牵衣泪，醉眼偎人觑。

今宵微雨怯春愁，住、住、住。

笑整莺袜，重添香兽，别离还未。

还有一首被后人称作"梅村词之最艳者"的《醉春风》：

眼底桃花媚，罗袜钩人处。

四肢红玉软无言，醉、醉、醉。

小阁回廊，玉壶茶暖，水沉香细。

重整兰膏腻，偷解罗襦系。

知心侍女下帘钩，睡、睡、睡。

皓腕频移，云鬟低拥，羞眸斜睇。

这诗歌写得香艳至极，有些句子已经触碰到情色的底线。陈廷焯曾鄙之曰："极淫亵事。"

闻香下马，怎么能当作真心。风月场上的事，迎来送往，就只是风月之事而已啊。

他清楚这样的规则。

她也清楚。

可她遇见的是他啊。

情爱的事，不认真的时候最好玩。认真起来，谁先认真谁就输。

无疑，他们之间的这场游戏，是卞赛输了。

他是这杯爱情酒里的穿肠毒药，她嗜酒，生性刚烈，一饮而尽，中了毒。

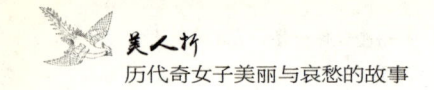

她看到身边的姐妹，人人有可以依靠的男子，柳如是有钱谦益，董小宛有冒辟疆，她以为遇到他，她这生就不用漂泊了。她冲动地爱着他，以为自己能够留住他。他却装傻充愣，扮作鲁莽，打破良宵，也打破了她一颗心。

那时候的他，不爱她。所以再多的真情实意摆在面前，都不过是"谢谢，我并不需要"。

吴梅村的决定，其实并不难理解，风月之事，本来就抱着玩玩的态度，最后突然要真心，真心何从呢？况且，他也玩不起。一则卞赛是田国丈为笼络崇祯皇帝搜罗美人中的一员；二则，他家室安稳，家族清白，接纳名妓出身的她，并不在他的人生打算里。

二人分手。
秦淮河畔，夜凉如水。一个女子的心，就此下坠。

南明小朝廷更像是一场闹剧，很快覆灭。一连串的变故将人世间许多事卷进去，误了一生。

他隐居数十年，以明朝遗臣自居。期间创作了许多反映战争离乱的诗歌，满含着对旧明朝、对崇祯皇帝的怀念。清廷一直在争取他的支持，争取了十年之久。

她为了逃脱清廷征召，索性披上道袍，远离了世人的目光。

他们能再次相逢，是缘于钱谦益府上的一次宴会。
吴梅村是钱谦益的老友，卞赛是柳如是的姐妹。
他在钱府的宴席上提起她，打听起她的下落。钱谦益及柳如是等人成人之美,请来了卞赛相会。卞赛推脱不见,后来见他,也已经是三个月后的事情了。

当天,大家说起秦淮河畔的风流韵事,说起当年的豪情万丈,说起春江花月夜的美好,说起举杯邀明月的岁月,说起明王朝,感时唏嘘,吴梅村写下了有名的四首七言律诗《琴河感旧》:

休将消息恨层城,犹有罗敷未嫁情。
车过卷帘劳怅望,梦来携袖费逢迎。
青山憔悴卿怜我,红粉飘零我忆卿。
记得横塘秋夜好,玉钗恩重是前生。

三个月后,她乘船去吴梅村的家中看望他。此刻的她已经嫁给了前明的世家子弟。二人抚琴高歌,聊了彻夜。言语中有流落岁月的不幸,有亡国之痛的悲凉,有身如浮萍的凄楚,动情处,号啕大哭。

很多人说,如果吴梅村当年对卞赛有情意,那彻底爱上卞赛,就在此刻。我却觉得不然,他对卞赛,始终是喜欢,却未动了深情,自然未到爱。

即使后来卞玉京离去,他送她至一百多里之外的苏州横塘,为她写下那首著名的《听女道士卞玉京弹琴歌》又如何。他只是说"此生终负卿卿"罢了,若给他不负她的机会,他不见得会选。

男人啊,都是这样,自以为自己是长情的动物,到了趋利避害的时候,眼光如炬,利害关系,分得比谁都清楚。

落拓江湖常载酒,十年重见云英。
依然绰约掌中轻。
灯前才一笑,偷解砑罗裙。

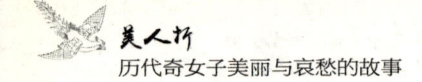

薄幸萧郎憔悴甚，此生终负卿卿。

姑苏城外月黄昏。

绿窗人去住，红粉泪纵横。

曾经看过一篇论文，写到卞玉京，其中有极好的一笔："卞玉京这样的女子，若遇上良偶佳婿，应是非常浪漫风趣的妻子，若仓促嫁掉，所托非人，天长日久的，她就会显示出自闭抑郁的一面。"

所以后来，卞玉京求了丈夫，放自己真正做了道士，一生再与情爱的事无瓜葛。

后来的日子，她都寄居在医者郑建德的处所。郑建德是吴梅村的远亲，与她莫逆之交，毫无杂情。她感念他的好，曾为他刺舌血，三年抄成一部《法华经》。

吴梅村出仕清廷，过得并不如意。他曾到她墓地悼念，写下了缠绵悲苦的《过锦树林玉京道人墓》：

龙山山下茱萸节，泉响琤淙流不竭。
但洗铅华不洗愁，形影空谭照离别。
离别沉吟几回顾，游丝梦断花枝悟。
翻笑行人怨落花，从前总被春风误。
金粟堆边乌鹊桥，玉娘湖上蘼芜路。
油壁香车此地游，谁知即是西陵墓。
乌桕霜来映夕曛，锦城如锦葬文君。
红楼历乱燕支雨，绣岭迷离石镜云。

绛树草埋铜雀砚，绿翘泥涴郁金裙。
居然设色迂倪画，点出生香苏小坟。
相逢尽说东风柳，燕子楼高人在否？
枉抛心力付蛾眉，身去相随复何有？
独有潇湘九畹兰，幽香妙结同心友。
十色笺翻贝叶文，五条弦拂银钩手。
生死旃檀祇树林，青莲舌在知难朽。
良常高馆隔云山，记得斑骓嫁阿环。
薄命只应同入道，伤心少妇出萧关。
紫台一去魂何在，青鸟孤飞信不还。
莫唱当时渡江曲，桃根桃叶向谁攀？

吴梅村的一生，常戚戚。他辜负了美人，辜负了朱由检，也辜负了他自己的理想。

卞玉京此生，与其说爱错了时间，不如说爱错了人。她这样个性热烈的女子，碰到这样爱情，确是委屈极了。

假如人生，不碰到你，该有多精彩。可是我呀，从不会后悔，碰到你。

即使你说，此生终负卿卿。

王微

她的美是宛若天成，存于乱世风云，遇上一段缘分，逃不掉。

始终不明白，她为什么会为世人所忘记。

只是偶然遇见她，却爱上她。或许，她才是我所谓的"完美"。

她的美是宛若天成的，没有虚无的根芽，即使与我们有四百年的距离，即使世人将她忘记。但总有零星微弱的光芒穿过时间苍茫，让人看到。

我就是遇到了。遇上一段缘分，我逃不掉，看到了她的风光霁月，她的浅斟低吟。

穷极我有，寻找关于她的点滴，想要记录的太多，觉得应该用最美的文字表达，方能配得上她出众的才情和美丽。

我试着接近她未染尘世的精魂，最终还只是雾像化地看到她，并不能接近她。可即使这样，我还是固执地想写她，至少让多于我之外的人知道她，欣赏到她的文字和故事。

王微就如同一场雾一样，存在乱世的风云中。在那个时代，她是那么的耀眼，时代王朝过尽了，又被隐秘地藏起来，无影无踪。如同玛雅人建了一座城池，却一夜间消亡一样神秘莫测。关于她的记录少得可怜，我们只能在与她有关联的人之间寻找她的痕迹。

她应该是比柳如是更让人动情的女子。我第一次这样入迷，沉醉在一个女人的爱情和友情中难以自拔。

我曾说我不喜欢钱谦益，但我不能否认他对历史的贡献和他出色的才华。甚至，现在对他有些感激，因为有关她的故事，多数是从他的记录而来。

钱谦益说："今天下诗文衰熠，奎璧间光气黯然。草衣道人与吾家河东君，清文丽句，秀出西泠六桥之间。"黄宗羲说："当是时，虞山有柳如是，云间有王修微，皆以唱随风雅闻于天下。"《玉镜阳秋》评王诗云："结体清遥，如珠泪玉烟，无复近情凡采。早年与钟（惺）谭（元春）游，颇染其调，灭彼凿痕，登其雅构，直令季兰俊妪，掩袂而泣。"

因为有这么多美丽的评论，让我对她的诗文并不如她的传奇人生那般好奇，才女是每朝每代都有的，如她一般却少见——她不似李季兰那样，才情无双，却孤独地等待了一生爱情，也不似平常女子得享平凡爱情却了了才情。这两种世间女子拥有的最大的幸福她通通拥有，而不幸，大都避开。她这一生，结交了无数可以交心的朋友，拥有两个很爱她的男子。像极了近代的林徽因小姐，不是吗？

才女给我的印象总是不幸福的，或多或少有不幸有痛苦。如果非要从王微的人生中挑些不愉快出来，仅仅是幼时生活的坎坷吧。

命运给了她不幸的童年，但也让她成为人人艳羡的"美人学士"，以才气

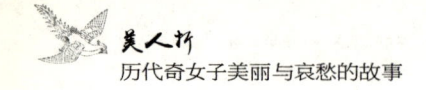

占着一席之地。

我们常言宿命，似乎真的命定了一切，觉得努力与否，不过是殊途同归而已。但王微的存在，让我们知道命运有逆转、人定胜天的话不假。那一路，她慢步行走，走得艰难，背影悲凉，但也终于拥抱了幸运。

曾经读过一个版本的"秦淮八艳"，她和李香君、李贞丽、王月、寇白门、陈圆圆、杨宛如、柳如是等共列于"八艳"之中。

《明词综》中引施绍华（子野）语，说其中"'多情月，偷云出照无情别'之句，风流蕴藉，不减李清照"。这首词是这样写的：

多情月，偷云出照无情别。
无情别，清辉无奈，暂圆常缺。
伤心好对西湖说，湖光如梦湖流咽。
湖流咽，离愁灯畔，乍明还灭。

"多情月，偷云出照无情别"这两句真美。素色一抹，却无限风情，像她美丽的人生。

月色如水，在动荡不安的节气里，看淡了薄凉的都市生活。

无情别，梦断梦灭。

月圆缺，乍明乍灭。

在繁华的城下，有些幽怨，像素纸薄妆，不能露怯。有一些东西藏在心里，说不破，也道不明。

她的前半生过得潇洒而自如，长兴漫谈，"扁舟载书，往来吴会间"。吴楚之地，自古都是才子聚集处，王微与汪然明交好，渐渐地，才情广传于汪然明、潘之恒、王晋公、董其昌等人之间，所以她"所与游，皆胜流名士"。

王微常远游，就像今天一众的文艺女青年一样，拿本书，背着包，迎着日出，背着晚霞，走走停停，看看大好河山。她经常是"布袍竹杖，游历江楚。登大别山，眺黄鹤楼、鹦鹉洲诸胜，谒玄岳（武当山），登天柱峰，溯大江"，潇洒至极。

人们常说，读万卷书，行万里路。见识这东西，很难仅仅靠脑子里书本上那点存货提升起来，若没有见过岳山美色，读万遍《望岳》又如何，没入过桃花溪，怎能懂"桃花尽日随流水"的美感。没听过风，没闻过雨，没有在冰冷的寒夜里独行，没有在温暖的朝阳下无拘无束，你怎么能懂，风的私语，雨的诗意，阳光的友好，寒夜的孤独呢。

亲爱的，趁着年轻，快出来走走，这大好山河，非得一步步走过，才值得！

王微啊，在行走间被一路风景陶醉，也因这一路行走，结识了许多奇妙的缘分。比如"将至匡山，问法憨大师，诣东佘别陈征君"，陈继儒云："庚申（1620年）十一月二十二日，王修微从西子湖入云间，才子慕之，辐辏两涯之间。修微拂曙峭帆沏塔矣，因访眉道人于白石山寮，烧灯市酒，诗以外不暇及也。"

而在如麻城王圮生、王德操、吴康侯，吴江刘锡虚，公安袁中道、俞彦直、薛更生等人中，与她最惺惺相惜的当属谭元春了。谭元春曾在《王修微江州书到，意欲相访，书以尼之》有"诗巷卷还君暗省，莫携惭负上匡庐"之句。

谭元春是了无得失的才子，同她一样潇洒沉棻。我相信他的存在如同陆羽

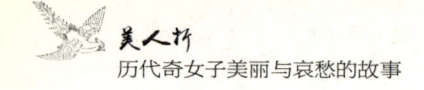

于李季兰的意义一样，是超脱了男女感情、升华的那种异性君子之交。他们来回相赠的诗文有如当年的陆李二人，王微曾写《西陵怀谭友夏》：

西陵桥下水泠泠，记得同君一叶听。
千里君今千里我，春山春草为谁青。

他也写给她：

相送万里碧，月光生道心。
始知人意浅，不及雪流深。

世间冷暖，人情却闪亮而温存，跌宕起伏的种种，在彼此行走的路间一步一步刻画清晰。

友情是需要主动奉献的，对方有接受自然也有回报，彼此往来的接受回报渐渐让彼此成为依靠，其乐融融。

自己的秘密得到告诉，对方的情状也明白在心，经历漫长的慰藉，彼此心灵寄托在安宁的地方，就越来越成为惺惺相惜的彼此。

这种君子之交无声无息投射在彼此的心间，有足够大的光影，足够大的陪伴。

真好，彼此有放空的距离，彼此相靠相依，不用勾兑心意，明明白，自了然。

真好。

说过了她这让人艳羡的友情，我们来讲讲她的情事吧。这场情事里情话不多，但你一定喜欢。

她遇见的男人很多，让她第一个怦然心动的是茅止生。茅止生是挥斥方遒的才子一枚，生性侠骨凌云，肝肠似雪。《列朝诗集》载："止生好谈兵，通知古今用兵方略及九边阨塞要害，口陈手画，历历如指掌。东事急，慕古人毁家纾难，慨然欲以有为。"

他是壮志未酬的英雄豪杰，身边却幸得两个女子。

是的，两个女子。

王微和杨宛。

古时候，如她这样身份的女子，对情事异常看重，钱谦益对柳如是宠冠一时，龚鼎孳称顾媚为亚妻，冒辟疆对董小宛爱了一生。名妓如此，她们不在乎名分是妻是妾，只在乎真心与否。

我不能说茅止生对王微是无情的，只是相较于杨宛而言，王微似乎是输了。朱彝尊《静志居诗话》云："（茅）止生得宛叔，深赏其诗，序必称内子。"

亲爱的，请你收起你的叹气，不要责怨杨宛的存在，爱这回事，天时地利人和，哪怕她样样及不上你，可他爱上了她，就是爱上了，你就是输了。即使再好再优秀，他也不会看你一眼。何况，杨宛在诗词、容貌、才情上不输给王微。

她从来没有恨过她。爱情这种事，输赢是常事。姐妹情深才是一辈子。

王微和杨宛，她们是同样的才女子，有同样的气息，她们相惜相依。

但又是为了同一个男子不得不羡慕而妒恨，万千言语是说不出。她们曾经意气风发结为女兄弟，二十岁需要一个知己听自己说心里话，闺蜜可以说许多许多连姐妹都不说的话，这种感情是许多亲情都难比拟的。她们是那么要好，她写了《近秋怀宛叔》《冬夜怀宛叔》《怀宛叔》《梦宛叔》给她，杨宛也为她写《即事二首寄修微》。每次看她隐在诗文中的感情，看她夹杂在两份情中的悲伤就难过得要命。

她当年吟"不见因生梦见心，自愁孤枕与孤吟"、"我梦到君君梦我，好迟残梦待君归"、"最是梦醒无意绪，暗推窗看水边云"，如今唱着"江流咽处似伤心，霜露未深芦花深。不是青衫工写怨，时见只有白头吟"。

她悄悄地离开这种三人的爱情。

悄悄离去的永远不是爱人，而是情人。

她懂得，所以连头都没有转回。逆光微笑，以为别人会看不到她眼睛。隔着四射的影线将眼泪挥洒在行走的旅程。

夏未到，春未暖，被伤了，亦学会保护，不再受伤。

茅止生于她，不是对的爱情。

"对于你是我一生中唯一的阿波罗，我却是千万仰望你的向日葵中的一朵。"这句放在这里给她最为精妙，虽不太贴切。

她不会仰望，因为骨子里的傲，既然你不是我的，那么就放开好了，没有什么大不了。

洒脱之极。你我都要学学她，这样干净利落地放手。

我不觉得她离开茅止生是个错误，因为许誉卿后来是那么地爱她。

王微离开茅止生之后，"偶过吴门，为俗子所媚"，后嫁给许誉卿。

她遇见许誉卿，钱谦益说："颍川（许誉卿）在谏垣，当政乱国危之日，多所建白，抗节罢免，修微有助焉。"

清李延昰《南吴旧话录·闺彦》记载："许太仆往虞山候钱牧斋，归与王修微盛谈柳蘼芜近事，蘼芜故姓杨，字蘼芜，云间妓也，能诗，嫁虞山钱牧斋。忽拍案曰：'杨柳小蛮腰，一旦落沙叱利手中。'修微哂之曰：'此易解，渠恐蛮府参军追及耳。'"

她平日戏谑之时称许誉卿为"许蛮"，他也不怒，他自己有"人争笑我为帐中人弹压"之句。满满的幸福，这样的感情真好。

她早于他去世，钱谦益《列朝诗集小传》中提及："乱后，相依兵刃间，间关播迁，誓死相殉。居三载而卒，颖川君哭之恸。"许誉卿出家为僧，很大的原因是"及相依于兵燹间，誓死相从，居三载，临殁以剃刀裓衣属光禄，俾其于急难之中得为自全之计云"。

老去的容颜，老去的心事和老去的故事，在泛黄的诗页上，她的身躯渐渐愈来愈不清晰。

沧海桑田，她依旧如故。
甜言埋梦中。故事葬在酒里。

赵飞燕

她的爱，执着如火，不愿罢手。
应了一场劫难，于是绚烂地结束。

  比起飞燕，我想我更同情的是另外一个女子，她们本无干系，却因为一个男人在她们中间而相牵连——飞燕、合德姐妹是为了自己谋幸福，而班婕妤是为了她的爱谋幸福。

  班婕妤是优雅贤德的女子，任是谁都会如此评价。在得到最浓爱怜的时候，成帝邀她同辇共游，她却以"贤圣之君皆有名臣在侧，三代末主乃有嬖女"之言谢了陛下的好意，始终站在成帝的身后，做一个默默的守望者。她不像许皇后那样出尽风头，她懂自己的地位，所以请求服侍太后，后来为成帝守灵日复终老。

  我喜欢班婕妤，她身上贵族的气质和宠辱不惊的淡定——既然得不到爱情的垂怜，何苦再搭自己进去。班婕妤对成帝的爱并不深刻，只是一种感情的依附和寄托。古时候的女子一旦入了宫门，就认了命。她未因恩宠转移自怜自哀，所以作《怨歌行》，用团扇自喻。但她还是失望了，逃离了这场爱情。班婕妤一定想不到，她这首《怨歌行》一出，让她成为日后宫怨的代表。

新裂齐纨素，鲜洁如霜雪。
裁为合欢扇，团团似明月。
出入君怀袖，动摇微风发。
常恐秋节至，凉风夺炎热。
弃捐箧笥中，恩情中道绝。

我对飞燕，并无厌恶。我仿佛可以看见她欲望的小火苗在一点一点地膨胀，这个女人的世界是繁华的，也是悲哀的，她在斗争中迷失了自己，然后一点点将自己逼仄到死亡的路口。至少班婕妤是清醒的，懂得保全自己，在那场斗争中，班婕妤用自己清楚的头脑为自己留下了后路，这样做，她至少可以苟延残喘地存活。可飞燕、合德入了宫，得了宠，太过风光耀眼，太出风头了。

后宫中最多可怕的是嫉妒是恨，可嫉妒与恨在后宫中又是如此稀松平常，当她们自己从梦乡中醒来，宠爱她们的天子走了，在合德的怀里走了，合德清楚地知道：不管是谁都不会放过自己，所以她也选择了死亡——或许这就是命运，即使今日恩宠万代，他日却命运堪忧。而飞燕无疑是平静的，她在这场变迁中把自己捧上了皇太后的位置。

当一个女人需要学会生存的时候，她一定不会忘记要留给自己后路，飞燕铭记着，而合德忘记了。合德得恩宠无尽，忘形得意，可女子啊，再怎么强势和有手段都只是女子，难成气候，历史上只有一个武媚娘能登高一呼。合德傻，没给自己留下一个依靠，在圣主隆恩的时候她忘记了他也会死亡，朝臣们口中高呼他"万岁"，他真的就可以万岁吗？她没想过，即使他的生命延续得如此之长，当芳华流失，牢牢攒在手心的那点美艳的资本无法讨他欢心的时候，却仍是连翻身的机会都没有。

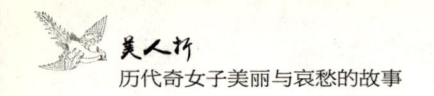

飞燕明白这个道理，所以用计联合妹妹断绝皇嗣，她做不到自己去拥有孩子，就不会让别人得到跃居在她头顶的机会。飞燕来自市井，身上有一股野气，她敢去闯，敢用手段。她不同于班婕妤，这个始终是贤淑端庄的女子做什么都不忘皇室尊严的贵人，和后宫那些同班婕妤一样的女子，她们将尊严看得太高，哪怕心中对帝王万种牵挂和思念，这缠绵悱恻的思念，也不能从自己的口中说出。她们中规中矩，纵然玩些手段，目的也是为了让皇帝给她们恩宠而已。

中华民族的女人似乎古来就有一种收放自如的本事，在绝大多数讲持自尊、自爱和矜持的时候，偏巧有一些女子，忘乎理法，带给人不同的乐趣。皇帝最想要抓住的就是这样的乐趣，古来痴情的帝王太少，他们生在中规中矩的帝王家，一切是冰冷的规矩和森严的礼数，任一步走错也会有差池。皇帝都谨言谨行，在位时间愈长，愈是不敢放纵，成帝亦然。这时候，飞燕出现了，出现在成帝面前。她用她身轻如燕的舞步和魅惑的眼神勾住他的心，她轻盈地旋转，跃然在空中，柔软的身姿穿梭在他的目光之下。

她带给成帝的可能是一种不一样的放纵，在他们的世界里，他可以肆意妄为，不拘于理法。当他换下龙袍，就不再是坐拥天下正气威严的帝王，她给他的是前所未有的新奇和快乐，仿若回到儿时那些可以肆意而为的日子，他唤她飞燕，从此六宫中再无人受恩宠。

她在他对她的爱情中享受，却未沉迷，她明白自己需要帮手，需要一个如她般美丽又对她忠诚的女子，她明白帝王的恩宠犹如林花谢了春红，太匆匆。

于是合德来了，带着飞燕的心愿来了。飞燕因着成帝对她们姐妹二人的宠爱，顺势拿下了她梦寐以求的位置，从此天下再没有许皇后。

飞燕是心计深厚，从来都是。她的心机路数又是野生的，让人琢磨不透，循着自己的路线，她慢慢地上前，成为一国之母。

多骄傲，是该有多骄傲。幼时的她是个连饭都吃不饱的贫女，遇到改变她一生的河阳公主方才好转。如今，她是千千万万人之上的皇后，他们叫她赵皇后。她洋洋得意，却清楚自己地位不稳固，她明白自己亲手将许皇后拉下来，有一天也会有一个人将她从这个位上拉下来是同样的道理。她在皇后的位置上没有停留，而是加紧自己步伐的时候，皇帝已经迷上了她的好妹妹合德了。飞燕需要的是无限的权力的满足，而并非天子的心，她和合德的追求在本质上不同，她比合德看的远得多，所以后来命途各异。

飞燕想在后宫生活一辈子，一直骄傲地活下去，她明白自己得有资本，她的资本就是儿子，还必须是能成为太子的儿子。于是她与人偷欢，从宫外偷运男子入宫，那马车上来来往往的都是她的未来，那上面承载着她后半生的荣华。她假孕过，十二个月终成闹剧。皇帝因着对合德的万般恩宠所以对她容忍，可她只有铤而走险，用自己的命去做一场博弈，她输了，被已经不是当年那个对她情谊款款的皇上看到她与别人私合。合德去见她，对她又爱又恨，合德劝她放手，用仅存的姐妹之情唤回她的心，可是彼时她完全地沦为权力的附庸——其实她从来都是权力的附庸，毫无悔过。

她在合德的眼里，永远是关爱妹妹的姐姐。而她越是向上，就越是在权力中沉沦，可悲又可笑。

我固执地认为合德是心存善念的女子。她爱姐姐，在如此的情景，她为她求情，而不是用一句言语去铺就自己未来的道路，将姐姐推入万劫不复的地位。她们是踏着彼此梦想前进的姐妹，在冰冷的后宫连皇帝温暖的胸膛都不可相信，而她对这份姐妹之情却可以无条件信任，她们是姐妹，是骨肉至亲。

合德天性是孤独的，她唯一可以信任和依靠的就是姐姐，是小时候一直给她温暖的姐姐。合德在这片黑暗而又残酷的孤单中，紧紧地握着姐姐的手不肯松开，她要与她荣辱与共，那坚毅的眼神如姐姐接她入宫时一般坚定。

合德的存在如黑暗中的明灯，让我喜欢，她有姣好的容貌和未沉沦权欲的心。可我依旧喜欢飞燕，我喜欢她身上的血性，喜欢她不断向上的姿态和骄傲，我想自己懂得，懂得她的孤单。

她从小做的，就是用一颗大人的心去面对整个未知的世界，她受过欺凌，才懂得人情冷暖，从小时候开始，她就迎在苦难面前，为妹妹遮风避雨，她的心太老成，所以让我恨不起她。

她从来想到的都是长远，纵然她有千般不是，我只要想到一个孩子在年少时受到过无数的风雨，就再无一点厌恶。

既然得到了富贵，她就不会轻易地将它拱手让人，她用她身上与生俱来的妖媚气质，将魅惑演绎得淋漓尽致。她几乎蒙蔽了世界的眼睛，可是内心依然是孤独的。

是多没有安全感呢，所以才拼命地想抓住身边的一切一切。是有多害怕呢，当得到了就不想放手。

她恐惧，恐惧回到贫穷，回到被人看不起的初始境地。她的内心由生到死都是冰冷的，甚至是妹妹也不能带给自己一点温存。她是那样不懂信任，活在自己的世界，既害怕却还得坚持。她珍惜自己的生命，所以不为万事所动。而合德不同,当繁华拉上序幕,她记得自己存在的意义,也懂得将自己释放解脱。合德死了,如花般绽放,又悄然地与世界谢幕,那般干净利索。

这一次,她们选择不再形影相随,姐姐再不是保护自己的屏障。她学着自己去打拼,去追求自己,于是死亡成为最好的解脱。飞燕和合德,是世界的尤物。成帝说,吾当老死在(合德)"温柔乡"里,一语成谶。飞燕扶持刘欣即位,刘欣感她的恩情,仍旧尊她为皇太后。六年后,哀帝亡,她最后一道屏障没了,于是和死亡做了拥抱。

后来,李白为杨贵妃所作的一首《清平调》,曾借喻于赵飞燕。可见,飞燕当是李白心中的绝色美人啊,那首诗这样写:

一枝红艳露凝香,云雨巫山枉断肠。
借问汉宫谁得似?可怜飞燕倚新妆。

飞燕的爱,执着如火,或者她也从来没有自己走进自己的心里,知晓自己需要的爱是什么。她是那样地挺立枝头,任寒风摧残,倔强而不屈地坚持自己。捉住一丝一线,不愿罢手。应了一场劫难,于是整个生命都在为劫难去安抚自己受伤的心,如果结束了,就绚烂地结束,死亡,是她最好的放手。

合德,再做姐妹,牵你的手,我们不离不弃。
这次,你做姐姐,纵他人笑你,我解你的坚持。我们相偎相依,握紧彼此手心不离不弃。

[二章]

你真远，你叫我的心一直走

马湘兰

她是善画竹兰的女子，一生如兰花芬芳逸致。遇上了，爱上了，他便成了她的天地。

我应该称她为诗人，而不是简单的才女二字。

马湘兰算得上是"秦淮八艳"中幸福的女子。

她所处的年代，没有战火纷飞和离索，纵然世道昏暗，也可以安静地画竹画兰，读诗填词，唱西厢记。可她又万般不幸，一生在相思和失意中沦落辗转，我不知道她是早已经失望，还是从未绝望，到老、到死，她仍然对他不舍不忘。

我问自己，他是有多好呢，值得她这般流连。可爱情这回事，遇上了，爱上了，分什么对错因果。莫名其妙的，他便成了你的天地，纵然平凡如芸芸众生，他仍然是你的盖世英雄。

爱情又险又奇，哪有什么道理可言呢。

湘兰是姿色平常的女子，书上说她"姿首如常人"，但是"神情开涤，濯濯如春柳早莺，吐辞流盼，巧伺人意"。她没有值得艳羡的容颜，完完全全用自己的才华和千娇百媚，美得迷倒众生，引人留连。这是独属于她的气质，她身上，散发着一种知性的美丽。

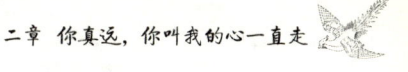

我是相信那句"腹有诗书气自华"的。

大多才女都有一种灵气，在任何时候、任何地点这种灵气都会散发出来，成为全场夺目的焦点，她们的美早已经与外表无关，那种身上散发着的仪态万千，尽态极妍留给懂的人去看。古人说"女为悦己者容"这话一点没错。

善唱戏的女子给人的感觉是不真实的，她们或多或少都带着一点世上难寻的韵律感，眉目流转，横波荡漾，眉宇间一分一毫出落得恰到好处。情绪可以用言语表现得淋漓尽致，再加上最曼妙的过场和唱腔，美妙绝伦。

伶人在常人堆中一眼就可以分辨的来，云霞蒸蔚，显眼极了。

我总觉得于女子来说，一颗聪明的大脑比美丽的面容要来得重要得多。尤其是对当代女性而言，那种长得美、洒脱，又聪明、圆滑润德，懂得吃懂得穿，经济独立、性格强、有毅力的女性，简直完美。

马湘兰就是这样聪慧的女子。

美丽可以修炼，女子最重要的是心中有股气不能散失，岁月流逝，只有心境恬淡，用气质修炼气质，才是卓然于群的美丽。

马湘兰就像是那含蓄而温润的青瓷上的藤蔓，需要在灯光包围的安静中欣赏，犹如深夜微响的指针，在你的心里划出亦深亦浅的痕迹。

她是欢场中的女子，却不是水性杨花的女人。在世人的眼里，欢场女子漂若浮萍，湘兰却如名媛淑女，仗义豁达。是该多有侠义心肠，才能自己身在欢场，却愿意周济无钱应试的书生、横遭变故的商人以及附近的一些老弱贫困的人。

她是善画竹兰的女子，她爱兰花，这一生也如兰花一样，芬芳逸致。而她

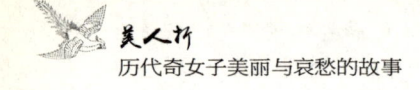

的本性更似竹，爽直而高矜。

我见过画者画兰，用笔尖轻触纸面，圆滑地向上曲折，愈行笔，笔尖用的轻柔细腻，色彩浓渐浅淡，紫色的花穗藏在叶的深处，不用像梅花那样凌寒独自开，兰花就自然地开在不均匀的地方。

画兰的手势是极美的，善画兰的人一定有一双细腻的手。

缓翘，缦立，启，收。心事跃然而提。

书画是有灵性的，我们看聊斋中许多女子都是从画像中走出来的，在画中启齿，微笑。

我自然没有见过她画的兰花，却可以凭想象，闭眼微倾，看见那个雅致的女子用冉冉的手指触碰浓重的墨汁，绕指柔般在素净的绢上染出一朵兰花。兰所拥有的生机在她手中游弋伸展，她善画一叶兰——以一抹斜叶，托着一朵清幽的兰花。

她和王穉登的初见，画的就是一叶兰，还题了两首诗暗示心意。王穉登佯装不知，扮作鲁莽，打断良宵，匆匆告别。那两首诗是这般题写的：

一叶幽兰一箭花，孤单谁惜在天涯？
自从写入银笺里，不怕风寒雨又斜。

绝壁悬崖喷异香，垂液空惹路人忙；
若非位置高千仞，难免朱门伴晚妆。

曹寅曾接连三次为《马湘兰画兰长卷》题诗，共七十二句，记载在曹寅的《栋亭集》里。

我是有一点私心的，本来可以略他不谈，或者一笔带过，他只是湘兰才华高瞻的佐证，无关紧要。可之所以提及曹寅，只因为他是曹雪芹的祖父，因着对曹雪芹和红楼的偏爱。曹寅和湘兰算不上是知己，于千万的人中遇见了一个可以赏识且能懂得自己的人，曹寅赏识她，但不懂她。

她没有碰到对的爱情，不是说她这生没爱过，而是她的爱始终停留在爱慕上。

从开始到结束，她始终没有跨越半步雷池。

王穉登对湘兰，是良师、是益友，彼此间有暧昧的成分，但也仅仅是暧昧了——即使她为他心甘情愿用一生而唱。

可戏子终究是戏子，不能伴人听戏，戏落人散绝，戏子终究无法与看客并排。

而看客，亦不想上台，他愿意做观众，做观众高贵。

家家山色对春潮，日日春风听鹧鸪。门前杨柳藏鱼市，屋上梅花当地租。
山烟山雨白气氲，梅蕊梅花湿不分。浑似高楼吹笛罢，半随流水半为云。
虎山桥外水如烟，雨暗湖昏不系船。此地人家无王历，梅花开日是新年。
闻道湖中尽是梅，两山千种一时开。估客片帆春雨里，载将香气过湖来。

王穉登是"吴郡四才子"，文征明的弟子。他四岁属对，六岁习字，十岁能作诗。袁宏道认为，他诗文"尚能比摩诘，下亦能比褚、刘"。这话自然夸张，但他才气也不差。纵然他才华不凡，但其一生仕途不顺。我最喜欢他这首《湖上梅花歌四首》。

爱情从来不是钱货两清的买卖，谁都不会苛责谁。

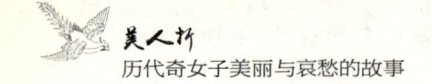

爱上什么模样的人，或好或坏，个人品味。

爱情是少见的不能等价交换的东西。最怕你有情有义，他稍有情意，抱着你不放手，爱又爱不够，不能给你任何承诺，白生生拖一辈子。

最怕将别人的感情视为玩物，精致的玩物。你需要什么她会为你做到，你只需要一个眼神一个动作她便可以奋不顾身。只要一点温柔便可以飘飘然，可是，你真的忍心吗？

女子啊，很少有男人那种"一处不开心，立刻换别处寻快乐"的做派。我一向觉得，年轻女子痴心痴情，且傻几年。可马湘兰是少有的敢蹉跎岁月，浪费一生时间，爱得荡气回肠的女子。

这也不能怪她，若王穉登一早拒绝她，拂袖而去断了她的痴心，虽说伤害了她，但痛过结痂，大不了不再提起，不至于耗损一辈子心力。

王穉登不想做薄负红颜的浪子，把名头全部推诿到红颜知己四个字上。他称湘兰做知己，知己二字，你我都清楚，只是不喜欢的托词罢了。

王穉登怎么配做马湘兰的知己呢，究其一生，仕途虽然不畅，身边却没有缺少过女子，知心又知音。薛素素是一名，马湘兰是另一个。

于是湘兰就这样被他藕断丝连，牵扯了好多年。

他深知湘兰对自己的情意，却从来佯装不知。他似乎认为这样藏而不表对他们来说很好，毕竟，他还拥有一个可以谈心的朋友，也不会伤了一个女子爱慕的心。这样真好！真好！呵，是吗？就这样少朋友吗？

这样子让她为你等待一生一直抱着希望，不觉得是太可悲了吗。

男子拒绝，要说就要说在女子告白的前面，可以给她留足颜面，也让她打消自己的念头。长痛不如短痛，纵然会一时间萎靡，也比让她一生从未放弃，打着你爱情的主意好。

何苦留情呢？留了情，却未带来爱情。

酒香衣袂许追随，何事东风送客悲？
溪路飞花偏细细，津亭垂柳故依依；
征帆俱与行人远，失侣心随落日迟；
满目流光君自归，莫教春色有差迟。

这诗是她送他登舟北上时写的。

他登舟北上，她为他设宴饯行。

他南下姑苏，她三天两头至姑苏慰聊。

他七十寿宴，她为他祝酒高歌。"宴饮累月，歌舞达旦，归后一病不起，后强撑沐浴以礼佛端坐而逝，年五十七岁。"她对王穉登的追慕在世人的传唱中沦为文人的闲谈。可是她何曾做错过，为了心中理想的爱情，即使做了什么也不过是由心而发罢了。我们若可以控制自己的心性，那么世间哪有那么多浪漫的故事。

她的那些寂寞是没有人去了解的，有些东西是不便被人去看透，佯装大方，退回到好朋友的位置，可是自己的心总有小火花。

可总有丝丝缕缕的情愫出卖她，譬如她的《蝶恋花》。来，听听吧，听她诉她的寂寞。

默默此情谁共语？当时的她是想寻到这样一个可以和她将情共语的人，只可惜，她认定的人，不是可以和她完成自己心愿的人。

031

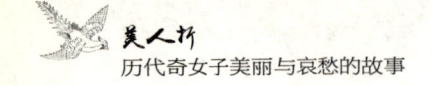

阵阵残花红作雨。

人在高楼，绿水斜阳暮。

新燕营巢导旧垒，湘烟剪破来时路。

肠断萧郎纸上句！

三月莺花，撩乱无心绪。

默默此情谁共语？

暗香飘向罗裙去！

三十载的寂寞，从遇见他开始就从未停住过，三十载苦等，常伴身边，等他开口。若不是他，以湘兰的个性和才情，定会找到一个可以爱护她守护她一辈子的人。

她却始终在追随着他，等着他。

她真的是个很执着的人，从未放弃，或者她早已经将他当作自己的亲人，可以追随一生的亲人。有时候，爱情会渐渐地转化成为一种依赖，当依赖形成的时候，就是非你不可，无你不欢。这就是依赖感的力量。

追随一辈子，也许是我们的目标，而彼此手拉手去保护对方的勇气，也是目标。未来的未来，有太多太多的岔路口，可是彼此可以踏着彼此的梦想一点一点地前进，纵然这份约定成不了真，可是一直在坚持在努力，就还是约定。

有人希望柴米油盐酱醋茶的安静生活；有人向往轰轰烈烈地爱一场；有人不敢轻言许诺；有人又太爱说出"我爱你"这三个字。

湘兰与王穉登的感情，一个愿打，一个愿挨。感情的事不能分对错，个中滋味，是苦是甜，一杯水喝下去，咬住唇，嘘，别出声。

写至此，我想起了一位歌手，她唱过很多让人动情的情歌，我们每个人都能哼几句她的歌。她是个又美又慧的女子，充满灵气，目光纯净，笑起来让人动心至极。她大抵是爱过一个男子，那个男子也说："我当然喜欢她，否则我为什么为她做这么多的事情？"

可他们没有在一起，始终没有在一起。她等到四十岁，终于嫁给了别人。

我好希望她真的幸福。

犹记得，她曾经对他说："如果我飞远了，你就拉拉手里的线，风筝的线永远就在你的手里，你一拉线，我就会回来的。"

他沉默："可是，我已经找不到那根线了。"

他们这段感情让人唏嘘。

也许就像她一首歌里唱的那样："我们没有在一起，至少还像家人一样，总是远远关心，远远分享。"

她是奶茶刘若英。他是陈升。

马湘兰油尽灯枯之际，沐浴更衣，身边幽兰环绕，死讯传至王穉登处，他悲痛万分，写下挽诗。

歌舞当年第一流，姓名赢得满青楼。
多情未了身先死，化作芙蓉也并头。

这种深情难得，让看者动容。

那你呢，有没有勇气，喜欢一个人三五年，等一个人数十年？

鱼玄机

易求无价宝，难得有情郎。到底是年轻，真心一旦交付，就交出了所有。

曾经在杂志上看到过有人写她，文章的作者用"爱到毁灭"形容她。为此，我专门去翻了翻字典，查了查"毁灭"的意思。思来想去，觉得用另外一个词来替换可能更好。我用的"灭亡"，爱到灭亡。

这个略显激烈的词，在这个性情激烈的女子身上更加适合。爱到灭亡，亡了自己的身，灭了自己的心，只为向你明鉴，只为你。

我与鱼玄机，早已经不是初识初见了。我熟悉她，就像熟悉自己一样。因为自己曾经用她的心境去体悟她的故事，用她的口吻写过一篇文章。可如今，我想自己做得更多一些，不单单是讲一个简单的故事，我想用另外一种方式来写她。

鱼玄机这种性情，算得上是大多数女子的通病，表面上固执坚强、执拗至死，却容易感情用事，头脑一旦热血，谁的话也听不进去，眼里、心里，蒙上了无数层白布，做了许多不经思考的事情，时过境迁，发现最终没有一点报复的快感撒在别人身上，那些恶果反而砸进自己的心里。

她最终还是丢下了自己的肉身，深藏自己心里的爱与恨。

是谁呢，是谁让她走到如此地步呢？

是李忆吗?

李忆的离开是个引子,是将她心中仅存的那点爱情的尊严点燃的引子。

如果说温庭筠是波尔图酒,已经让她醉意七分,那么李忆便是红酒,姑且能安抚她那颗困在温庭筠世界里不能自拔的心。

李忆走了,与她做了最后的了断,走得干干净净。这两种酒在她的身体里翻江倒海,最终似乎融合成白兰地这种烈酒,让她彻彻底底醉了。

哭了,笑了,痛了,懂了。

到底是年轻,真心一旦交付,就交出了所有。

不懂收敛。

可年轻,就这点可爱,就这点难能可贵。

女人,拿得出手的资本是美色和才识。若二者尽占的时候,还要有些许高傲才好。

她本是高傲的鱼幼微,却被两段情事伤透了心。

其实,李忆所犯的错误你我都能够理解,他对她的爱只是单单地流于喜欢,没有成为可以保护她、陪伴她一生的勇气。

他是许过她花前月下,给过她美好的憧憬。我相信,当他把那些誓言说出口的瞬间,他心里也是这样想的。可是,梦总要醒的,他的妻来了,那个可以带给他仕途上无限美好的未来的妻来了。

他随她走,跟她彻底了断。

这男子了断得干脆,毫不拖拉。从某一方面说,我们应该给他鼓掌。若是他不清不楚,拖你三年五载,甚至一生一世,这才真的难过。

他懂得自己作决定,懂得自己不能耽误眼前的女子,比那些笔记小说里的男子好极了。

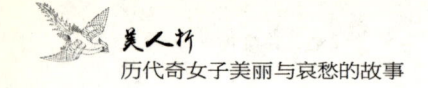

可是他面对的女子是幼薇啊，是还在爱情的酒窖中喝得醉意朦胧的幼薇，他给她的本是可以醒酒的微甜。

可是他离开了，那甜就成了苦涩，挥发成眼泪。

吐得天昏地暗地难受。

羞日遮罗袖，愁春懒起妆；
易求无价宝，难得有情郎。
枕上潜垂泪，花间暗断肠；
自能窥宋玉，何必恨王昌。

她醉了，写下了那醉后的实话。

我为她心痛惋惜，什么"易求无价宝，难得有情郎"啊。

这世上，无价宝难求，有情郎也难求。可她要求的，哪是什么有情郎呢。她心里的有情郎，明明是郎君温庭筠罢了。

她早已经都认定了他。

这样狂妄的言语，这样的忧伤难耐，透过短短的四十个字，放在我面前，我似乎看得到她眉梢的寂寞，她眼角的泪痕，她欲说不能说的愁容，她满腹惆怅的回忆。

你知道吗？你知道吗？其实，有些话不是不想说出口，只是因为，一旦说出口，就错了，就再也覆水难收。

这辈子，她最大的错误就是让他离开。

你离开我，我连你的身影都看不到，这份相思入灰的思念，随着你离开的脚步，越来越侵蚀我的心，越离开越思念。思念是一种病，不会随人所转移，它会自己悄悄地跑出来,任性地追寻着你的踪迹,你的身影。

你天涯海角地游走,做你的潇洒诗人,我在这咸宜观中独守,每天抛下那些寂寞的花笺,随河水流向寂寞的男人的心。

世间的男子若是没有真心,爱慕的方式也浅薄无味。他们不会全心全意,目光却直指对方的身体,简单明了。

女子的纵情声色是比男子的放纵自我更加恐怖,因为她们连欢喜都不会,只是抚慰自己寂寞的心。

鱼玄机的灵魂早已经不在她的身体里,在温庭筠处,那份真情得不到回报,她没有怨恨,也没有去报复,而是独自承受可怕的孤独。

她纵情声色,放纵自己,与长安的登徒浪子高歌高唱,与他们举杯共饮。

长安的夜多寂寞,夜里最容易想起往事,夜里最容易抛下面具和伪装。她不愿意,不愿意独自面对,因为她无法应对那漫漫长夜的凄凉苦楚。

夜夜笙歌多好啊。

一时间,她的艳名远播,人人皆知鱼玄机的大名。这个才色俱佳的女子,在长安城里,她一笑,众生笑。

一个人,耀眼了一个世界。

她究竟是一个多么害怕寂寞的女孩啊?害怕到必须有人在她的身边陪伴她才能静一点心。

可还是伤着了。

心伤透后,便选择放纵自己,夜夜笙歌,媚笑把忧伤埋在心底。

她是女子,受过爱情伤害的女子,是被男子所伤的女子。所以,当蜕变

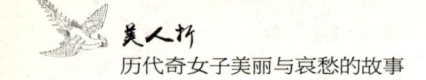

过后，那伤口，是任何人不能触碰的，偏偏，她身边的那个十六岁的少女绿翘触到了她内心最伤痕累累的地方。

即使是不爱的男人，她也不能忍受他的抛弃。这与爱和不爱已经没有关系，是被内心那份自己是否有价值的骄傲所左右。她听到属于自己的男人对这个女人笑，听到她美丽的声线发出好听的声音，看到她美丽的面庞充满勾引的神色。绿翘比她多了一份青春，她也懂得将这份青春焕发无限的媚感，那个属于她的男人为绿翘所沦陷，为她的侍女所沦陷。

他说，绿翘胜在年轻。

镜子中是美丽的女人，簇拥着眼角的失意，妒意由心而生，形成了无底的黑暗，曼妙地旋转在心头，轻巧地扣住她的骄傲，那场庞大而未落的恨，在她的手中握紧。

这一次，她不会甘于软弱。

她怎么能够任这个男子离开她的身边。

离开，已经成为她生命里无法原谅、也不敢听到的词语。

年华来去，再浓厚的妆也比不上年轻的水嫩光泽，那遮掩在胭脂下的除却孤单，还有因孤单而衍生的无法宽恕。

午后的空气沉闷，荒芜，如同兵革马乱时候厮杀的沉重。空气里是肃杀的气味，她举着她用来杀伐的工具，站在她惊慌失措的侍女面前。

那颗凝聚了她浓重的恨和妒忌的心左右着她手臂的摆动。

落日的光辉洒在她的脸上，带着不解未知的灿烂，在空中挥舞，是一道虹，重重地打在绿翘身上，也深深地打在自己的心里。

一点一点剥落心里那份不能提到的痛楚。

那耀眼的光斑，星星点点地洒在屋子里，屋子里一切清晰可见，夹杂着绿翘微弱的呼吸和她无休止的喘息。后来,绿翘死了,在她的手下成为一个僵硬的尸体,那娇艳欲滴的恨也走了,留下了麻木的痛。

她知道自己离死亡不远,于是心里干干净净地盛满思念。人面对死亡临近时,似乎会从容得多。她被处死,跪在刑台上,看着注视着她这样的女人死亡的众人,连笑都懒得笑。

恍惚中那梦中的身影出现在眼前,他匆忙拥挤至最前,他看着她,就像看当初那个不谙世事的女孩一样,他用清澈的眼神看她,一瞬间,有太多太多可以回忆的往事了。
你是我的印记,你是我的伤痕,是这一生一世逃不过的谜题。

六岁那年,她便跟随他。他教她作诗,她唤他师傅。她曾经写这样的诗让他引以为豪。

翠色连荒岸,烟姿入远楼;
影铺春水面,花落钓人头。
根老藏鱼窟,枝底系客舟;
萧萧风雨夜,惊梦复添愁。

少女时候的她,曾经向他表达自己一颗爱慕的心。他拒绝了这份感情,飘然远走,让这场爱恋无处可寻。
此刻,他回来了,就在她的眼前。
他流泪,泪未落下,她的头就落下了。

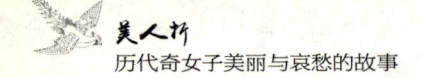

刽子手的刀快得没有让他的脸庞在她眼中停留住最后一份永久的印象。

落下。相思了无数夜夜，今天你这样近距离地站在我的面前，我却触摸不到你的容颜。

爱到灭亡，残酷而心动。

我无法止住自己行笔的速度，生命的来路和去路，似乎终归于同路。

到最后却发现自己输给的是时间。

和时间赛跑，如同折一支纸玫瑰，有形却无意。

在清澈的日子里，她曾是清澈的女子，踏着柳枝河堤，在心里写满他的名字，在风里画满他的样子。

无数含笑的眼睛，和无穷的喜欢。

她没有跟上他的步伐，也没有触摸得及。

无垠的相思如碧绿的春草一望无际，踮起脚尖，尽量地触及阳光的温度把自己生还，却被一场突如其来的背叛扣上黑暗，那些碧绿成为干枯的杂草，扎在心里。

她的爱始终停留在心里，却被长久的恨所牵绊，到最后一刻，或许才明白，那外露的芬芳是致命的毒，而骨里的恨是引子，指引庞大的人生。

爱到毁灭也好，爱到灭亡也好。

她始终是柔软的。

亲爱的你，是否也这样爱过，爱到相思相恨放不下，爱得执迷不悟。

可我此刻，想忠告你。

爱可以，可万万不要，丢弃自己。

琴操

若爱，绝不要临危熄火，让思忆灌溉寂寥。爱一场，要爱得盛世风光。

浔阳江头夜送客，枫叶荻花秋瑟瑟。主人下马客在船，举酒欲饮无管弦。
醉不成欢惨将别，别时茫茫江浸月。忽闻水上琵琶声，主人忘归客不发。
寻声暗问弹者谁？琵琶声停欲语迟。移船相近邀相见，添酒回灯重开宴。
千呼万唤始出来，犹抱琵琶半遮面。转轴拨弦三两声，未成曲调先有情。
弦弦掩抑声声思，似诉平生不得志。低眉信手续续弹，说尽心中无限事。
轻拢慢捻抹复挑，初为霓裳后六幺。大弦嘈嘈如急雨，小弦切切如私语。
嘈嘈切切错杂弹，大珠小珠落玉盘。间关莺语花底滑，幽咽泉流冰下难。
冰泉冷涩弦凝绝，凝绝不通声渐歇。别有幽愁暗恨生，此时无声胜有声。
银瓶乍破水浆迸，铁骑突出刀枪鸣。曲终收拨当心画，四弦一声如裂帛。
东船西舫悄无言，唯见江心秋月白。沉吟放拨插弦中，整顿衣裳起敛容。
自言本是京城女，家在虾蟆陵下住。十三学得琵琶成，名属教坊第一部。
曲罢曾教善才服，妆成每被秋娘妒。武陵年少争缠头，一曲红绡不知数。
钿头银篦击节碎，血色罗裙翻酒污。今年欢笑复明年，秋月春风等闲度。
弟走从军阿姨死，暮去朝来颜色故。门前冷落车马稀，老大嫁作商人妇。
商人重利轻别离，前月浮梁买茶去。去来江口守空船，绕船月明江水寒。

夜深忽梦少年事，梦啼妆泪红阑干。我闻琵琶已叹息，又闻此语重唧唧。
同是天涯沦落人，相逢何必曾相识。我从去岁辞帝京，谪居卧病浔阳城。
浔阳地僻无音乐，终岁不闻丝竹声。住近湓城地低湿，黄芦苦竹绕宅生。
其间旦暮闻何物？杜鹃啼血猿哀鸣。春江花朝秋月夜，往往取酒还独倾。
岂无山歌与村笛？呕哑嘲哳难为听。今夜闻君琵琶语，如听仙乐耳暂明。
莫辞更坐弹一曲，为君翻作琵琶行。感我此言良久立，却坐促弦弦转急。
凄凄不似向前声，满座重闻皆掩泣。座中泣下谁最多？江州司马青衫湿。

读《琵琶行》的时候，你会有如何的感动？

白乐天写得这样好，音乐仿佛在耳边婉转，笔锋简单利落，盛世浮华中那个孤单女子的留影却这般清晰。

她曾那样自信，那样激情，她也曾雍容美丽地活在众人的目光中。终于，暮去朝来颜色故，她成了邻家不会引人留意的妇人，却较普通妇人多了一份不倦不悔的倾诉方式——她试图用琵琶唤醒自己的青春年华，唤醒人们对她的痴迷。

那声音，汲水而出，娓娓诉说，忧愁暗恨生啊。

我要说这诗，是为了引出一个女子来。一个"门前冷落车马稀，老大嫁作商人妇"的女子。对她唱这首诗的人是苏东坡。东坡于我而言，是磕长头信仰的宋词一冠，他总是仰首吟啸且徐行，用自己一颗超然洒脱的心，面对生命中的种种苦厄。同时，他又是那样深情，手植三万青松，他和生命中那些女子的爱情，每一场都让人泪盈于睫。

琴操是他生命里的女子，一抹艳丽，一瞬而过。

宋人《泊宅编》里写了他们二人短暂的故事：

一日东坡戏曰："予为长老，汝试参禅。"

琴操笑诺。

东坡曰："何谓湖中景？"

答："秋水共长天一色，落霞与孤鹜齐飞。"

又问："何谓景中人？"

回答："裙拖六幅湘江水，髻挽巫山一段云。"

再问："何谓人中意？"

答："随他杨学士，鳖杀鲍参军。"

还问："如此究竟如何？"琴操不答。

东坡曰："门前冷落车马稀，老大嫁作商人妇。"

琴操与东坡，一面之缘，侃侃而谈，她即大彻大悟。

东坡于琴操而言，是生命中重要的男子，他扮演了她转折的道具。无心的聊天对白，成了一位女子遁入空门的契机。

当天，他遇见她，她是那个"五陵少年争缠头"的美人，他用询问的方式，谆谆劝她从良。她以一句"谢学士，醒黄粱，世事升沉梦一场。奴也不愿苦从良，奴也不愿乐从良，从今念佛往西方"作最后的告别。

这个决定令人震惊，甚至连东坡都始料未及。从此，世间少了一位红倌人，多了一位常伴青灯古佛的女尼。

琴操终也不幸，遁入空门也未得解脱，二十四岁便香消玉焚。

歌姬、舞姬这样的女子，提起来就一片凄凉，活在一个为人不齿的世界里，谁人爱风尘啊，是被前身误。她们那样脆弱，卖艺卖笑甚至卖身，她们赔笑，

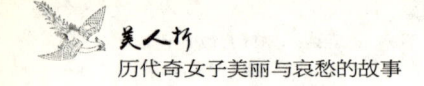

为了生存，把自己丢弃。谁不愿意做朱门小姐，谁不愿意成为寻常巷陌的女人，这脱不了的伎籍，从十三岁时便是她的噩梦。

琴操琴技傲然，红极一时，那是因为她有美丽的资本，她风光盖世，一时无二，让人留恋，引人忘魂。人们垂怜于她的美貌，可是美貌能永恒吗？

她拥有的一切，也都是暂时的。纵使，是精美的玩物，可她在别人的眼里，始终叫作玩物。

所以东坡一句"老大嫁作商人妇"说破她满心的凄凉苦楚。

这女子，从年纪很小的时候就自我依靠，自我保护，以一颗老成的心笑看世间一切谎言。她活在下层，接受社会的磨炼，人情冷暖于她而言早已麻木。她美艳，她美进了众生的眼睛，淋漓尽致地表现自己的美丽，炫耀自己的年轻，蒙蔽了公子们的眼睛。

可她是孤独的。

从良于她而言，才是解脱是超脱。

自小，她学会最多的大抵就是察言观色了，那颗敏感的少女心无法面对他人对自己命运的预言。

许多人把她和东坡的感情放在爱情上，我想质疑否定，却找不到合适的词来形同那份感情。他如火花一样出现在她的生命里，温暖她冰冷的心。他只一言，深入她内心最深刻的忧虑，他懂她的寂寞她的孤单，满心同情，徐徐劝慰，对她来说这种奢侈的关心已经足够感恩，一切由心而发的感恩之情是她最珍贵的礼物。

她如何不感动，如何不对他心生依赖。

对他而言，她是可以烹茶对诗的乐女，对她而言，他是解她烦忧的知己。

这种朦胧的感情，又何必再说破呢？

  山抹微云，天连衰草，画角声断谯门。
  暂停征棹，聊共饮离樽。
  多少蓬莱旧事，空回首烟霭纷纷。
  斜阳外，寒鸦数点，流水绕孤村。

  销魂当此际，香囊暗解，罗带轻分，漫赢得青楼薄幸名存。
  此去何时见也，襟袖上空有啼痕。
  伤情处，高城望断，灯火已黄昏。

  还记得"山抹微云秦学士"吗？这诗是我们著名的才子秦少游的名诗《满庭芳》。《满庭芳》一词留给他多少艳名和让人津津乐道的故事。
  琴操是才女，她的诗当今已无缘再见，但有一个如谢道韫"未若柳絮因风起"的小故事，可以佐证她的才华。
  她曾听人唱《满庭芳》，唱错一字，便自度曲调，为这诗改韵，聪慧如她，变了所有句式，同样的感情和气魄，面貌一新，新曲新词，意境悠远，尽显洒脱，不在少游之下。

  山抹微云，天连衰草，画角声断斜阳。
  暂停征辔，聊共饮离觞。
  多少蓬莱旧侣，频回首烟霭茫茫。
  孤村里，寒烟万点，流水绕红墙。
  魂伤当此际，轻分罗带，暗解香囊，漫赢得青楼薄幸名狂。

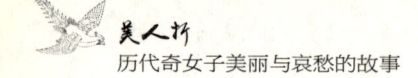

此去何时见也？襟袖上空有余香。

伤心处，长城望断，灯火已昏黄。

经琴操这一改，换了不少文字，但仍能保持原词的意境和风格，丝毫无损原词的艺术成就，若非大手笔，岂能为也！

我想，后来在玲珑山上，她和东坡、黄庭坚三人吃茶谈诗的日子，怕是她人生中最美的回忆了。告别迷惘，忽略风尘，全然忘却她的过去。

她入了佛门，却未清六根。东坡是她的牵挂，所以她为他所累，牵肠挂肚郁郁而终。

他们二人的感情奇妙。世间的情事又哪那么容易说得清楚，一旦错过就成了念想，守着余生的念想。

细听水滴的声音，你会觉得那样清脆，大珠小珠落玉盘似的，反复弹起，落下，像那颗深藏爱慕的心，有力跳跃和无声的停顿着一样。

对于那样的感情，最好的方式便是不说出口，但入了心。

如此，谁都不要欠谁的。

爱情对她而言，似乎是奢望。世人都会觉得，这样的风尘女子，不配拥有享受爱情的权利，也不会有真正懂得爱的心。或许，琴操也从内心否定了自己爱的能力，所以把那颗没发芽的种子深埋心底。

有一种男子，即使不风雅，也没有才情，他总能给你恰到好处的温暖，你会觉得他是独一无二的珍贵，何况琴操遇见的是东坡，有风雅的气度，有天下尽知的才学和洞察她心底的敏锐眼睛和关心她的善良的心。她如何能不动情，如何能不爱慕，由感动到感念，由感念到认知，再到惺惺相惜，到爱慕。只是，什么都经过了，就是到不了爱情上。

有人说，嫁人当嫁苏东坡，这话不假。苏东坡是最容易让女子动情的男人，他完美，完美的人被爱很容易。一旦爱上，很难忘却。

东坡生命中那三个重要的女子不知道惹来多少人羡慕，琴操是羡慕人之一，她没有王弗、王润之的出身，也没有王朝云的机缘。她的性格里带着某种懦弱的卑怯，强大的自卑和敏感毁掉了她心中所有对未来的假设。

这样无疾而终的结局让我有些不适应，总觉得会不会是历史漏掉了什么，却什么都找不到。于她而言，这场遇见是可惜，也是解脱。可解脱了红尘烦扰，终有一道坎过不了。

阿弥陀佛，诸恶莫做，诸善奉行，自净其意，是诸佛教。佛也已改变千万事，却独独让人放不下爱。

自己的心是由自己把持的，自己的情也握在自己的手里，有些感情不可以过分勉强，可若是完全退缩，不留一点机会给自己也不好。不能完全地放任追逐，至少要留下一点给自己自由呼吸的空间。

暗恋真可悲，怕说出口，得不到，断了你我的那点微妙联系。最害怕表面风平浪静、自由洒脱、无牵无挂，内心风起云涌、千军万马、蓄势而发。

于你，我是不战而降的士兵，你如天神般蛊惑我的心，我深陷相思生死局，却浑然不知。

张爱玲说："遇见他，她变得很低很低，低进尘埃里，并且在那里，开出一朵花来。"骄傲如她，遇见爱情，也一般自卑。若爱一个人，会放低自己，自觉自己万分不好。

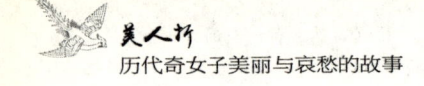

想想琴操。

何况，她的出身让她比我们更多了一份悲凉。

有些遗憾。

这样美丽的女子就那样遗散在风烟漫波中，是星星点点微弱的存在。

这场故事无疑是悲哀，是美丽的误会。

爱情，本身就是不问对错不问出身的，太在乎反倒成了负担。你是不是名门贵族又如何，你美丽倾城与否又怎样。

有人为你守护，就足够幸运。

她把自己想得太浅，太不好，所以我们连东坡对她的态度都不知道。她深藏感情，让一场动人的艳遇成为萍水相逢的故事。

若爱，绝不要临危熄火，让思忆灌溉寂寥。

爱一场，要爱得盛世风光。

[三章]

一生只为一人去

关盼盼

一旦爱上，天崩地裂。她是自始至终地骄傲着，可她是活在世俗中的，亦会为了世俗而死。

看到一句话："一旦爱上，天崩地裂。"

这话说得让我惊心，又让我惊艳。

我并没有因为这句话想起关盼盼，因为从来都没有把她放进"爱得天崩地裂的女子"这个类型中。以前写过一篇关于她的文字，那篇文章里，我表达了自己的看法，我认为盼盼的死，与她对张愔的感恩之情和她自己骄傲的性格有关。朋友看过那篇文章后，觉得我的想法太过偏执。

他问我："为什么不相信真情真爱，她或许真的爱极了张愔，所以愿意为他独守燕子楼，甚至愿意去死呢。"他的表情冷漠，直勾勾地盯着我看，我避开他的目光，暗自思量他的话。

我动心了，想再写一遍关盼盼，用另外一种方式。带些温暖的浪漫爱情味道，避开世界的棱角锋芒，任性一点，也简单一点。

爱上了，就是爱上了，哪里来的那么多原因。

请原谅，脑海中有一些关于她的执念，我还是不能改变。比如，她是骄傲的，自始至终地骄傲着。这种骄傲的女子每每出现一次，就让我心生欢喜一次，我欣赏她们骨子里的傲气和身上体现着傲气的能力，或美得众生羡慕，或才情飘逸。或者，就单单那份傲世独立的气魄，也足以让人醉心。她们在历史的风烟中飘着，经年的风也没有把她们的故事吹散，始终那样耀眼。

一世一生，一代一双人，任谁，都会倾倒。

关盼盼是有骄傲的资本的，她的舞姿，可以让那个舞蹈鉴赏水平一流的白居易盛赞她"醉娇胜不得，风袅牡丹花"。红袖轻拂，颤巍巍一个转身，就让人动心得不得了，忘却今夕何夕。

她是张愔的家姬，张愔对她宠爱备至，甚至特地为她兴建小宅院。他们一起在楼上看夕阳暮色，溪畔柳堤，他们缓缓漫步，有燕飞过，他们商议叫它燕子楼，于是这楼有了名字，有了活力。可我始终爱不起这个地方，只是因为它是盼盼魂归的场所。

张愔与关盼盼，恩爱了两年，张愔就撒手人寰，驾鹤西去，盼盼便在这燕子楼为他守候。

她是家姬。家姬这种身份的女人，比官妓和市妓强很多，但还是不幸，难逃被捉弄的命运。盼盼是幸运的，遇见了对的男人，对的感情。

有些东西不论世事沧海桑田如何变化，它都不会改变。在风尘中打滚过的女子，敏感至极，敏感的个性对常人而言是负担，比如说黛玉就是因着这敏感生出来个伤春悲秋的个性郁郁而终。可对于她们这种女子而言，敏感至关重要，她们凭着这份敏感周旋在各色男人之间，不但要美得精致，供人玩赏，同时还要应对无数恶意中伤的眼光。若不是这份敏感培养出来的八面玲珑手段，那样的泥潭，陷进去，即是死。

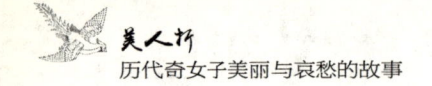

而盼盼，她无疑拥有这份敏感，可也因为这份敏感丧命，不知是幸运还是不幸。

在张愔的身边，她始终是幸福的，纵然前路未知，至少他用爱包裹着她，让她盛开得绝世独立。那满承着爱意的心放在她的面前，她满心欢喜，接受他四面八方涌来的爱。

两年，七百三十天。用时间来衡量一件事，两年不长不短；用两年来检验爱情，却显得不足。

我们相信一眼万年，相信一见钟情天荒地老，可是那一眼一见不知得修了多少世的缘分。他们两个有几世的情缘我不知，可是从开始到结束的两年，美好得不像话。

时间给了这故事一个很好的关卡，正好是两年。这两年，他一如既往地爱她，直到他离开。我始终是不敢笃定这份感情，不知道如果这个男人活着，会不会和盼盼厮守一生。或许，只需要再长一些日子，当盼盼的轮廓不再光鲜，他或者会忘记她，为他而舞的，是另外一个美丽娇艳的年轻女子，而她，可能就成为明朝的陈圆圆。只是，圆圆离开了吴三桂，她的传奇就灰暗了，而盼盼，离开了张愔，她的故事才刚刚开始。

两年，他去世了，他的家也就散了，张府如那昌盛的贾府，一夜之间落得白茫茫的，真干净。

曾经的欢笑没了，曾经的歌不唱了，曾经的舞跳不起来了，他没了，姐妹走了，花灯落了。

让一切的发生成为过去式，让曾经的一切从记忆中抹去。任何女子都可以用这样的方式放开缠绕她们的爱情，像她这种身份的女子更是可以，没有人会说闲话。树倒猢狲散，再繁华也如梦一场。

她却留了下来，在众人不解的目光中留下，自顾自地搬进了燕子楼，身边跟着一个老仆，和她一起在燕子楼守着珍藏的记忆，守护他们两个短暂年华共度的爱情岁月。

人人说："婊子无情，戏子无义。"可她的矢志不渝为人所称道，这样一个女子，于这样美丽的花季开始与世隔离。

植满如烟，包围着她的寂寞，可是她一如既往地骄傲，她放下歌舞，褪去华服，却没有卸掉舞者高贵矜持的气质。

遇到爱情，男子总变得柔软，再坚毅的眼神只需要身边红颜在耳边吐气如兰，或者动一下眉眼就可以变得柔情万种。而女子，遇到爱情会增一份执念和坚定，坚定如火，灼烧掉一切理性和软弱，她们在捍卫爱情的同时也几乎像信奉天神一样信奉那个男子。

盼盼在燕子楼守着他们的回忆，守着一切她认为的他们相爱的点滴。温暖的拥抱成了奢侈品，心却坚若磐石。就是坚守，就是不容别人半点轻视和怀疑。

她褪去了舞衣，纵然眼泪花了，妆也不要再去补一下胭脂。再美的舞蹈没有你欣赏我跳来做什么；再美的水粉妆容没有你的喜欢我画给谁看呢？你走了，抛下我一个游离在世，别人对我们的爱持着怀疑的态度，他们讨论我，讨论你，可是，只要你懂我的爱就好，不是吗？

不是吗？不是。

盼盼显然是在乎的。尽管时常会给自己安慰，但自己的敏感和脆弱也在一

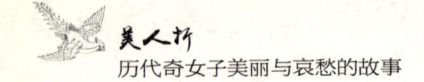

点一点挫伤着自己。如何能不在乎这些流言蜚语呢，装作听不见吗？可它的的确确传进了我的耳朵里，让我无法呼吸。

她可以为了爱拿掉身上浮华的气息，可以为了爱受伤难过，可是她拿不掉她天性里的那份敏感，从骨子里，到血液里，到处充斥着那份敏感。

从小形成的性格，和着高傲作药引子，把她心里的伤口撕裂、撕扯。

如果说，众人的不解和闲言碎语她姑且可以不闻不顾，可是他来了，带着她不能不顾的诗文。那三首诗是致命的银针，一点一点扎进她的心，每一针都血流成河。

那三首诗是这样写的：

其一：
满窗明月满帘霜，被冷灯残拂卧床；，
燕子楼中寒月夜，秋来只为一人长。

其二：
钿带罗衫色似烟，几回欲起即潸然；
自从不舞霓裳曲，叠在空箱一十年。

其三：
今春有客洛阳回，曾到尚书坟上来；
见说白杨堪作柱，争教红粉不成灰。

白居易是名重京华的大诗人，他曾路过徐州去拜访张愔，盼盼于庭中为白居易一舞。

白居易是看到了他们两个人的爱情的人哪，那时候他们爱得炙热而又美丽。他赞盼盼如同花中之王的牡丹，赞她的舞姿如同杨妃的身影。杨妃是白乐天生命中最美丽的女人，她是他心中高洁的女子幻化成的影像。当年浩浩荡荡的《长恨歌》，中间夹杂了太多太多白居易自己的情愫在杨妃身上。

他以杨妃的风姿誉她，可以想象她是怎么样的绰约。

那日，府中灯火升平，一片繁华昌盛。

这故事得从另外一个人说起。他是盼盼和白居易诗文的中间人张仲素，我不讨厌张仲素，因为他一手的好文字，在唐人中也别具一格。这故事缘起他拜访盼盼，拿了一卷素雅的诗笺，上面是盼盼所拟的《燕子楼》三首。关于《燕子楼》，自己专门去查过，因为唐诗鉴赏辞典上归入张的名下。我更愿意相信这是盼盼的文字，因为这诗写得那样孤苦而相思无望，是苦守的盼盼的口吻。

其一：
楼上残灯伴晓霜，独眠人起合欢床；
相思一夜情多少，地角天涯未是长！

其二：
北邙松柏锁愁烟，燕子楼中思悄然；
自理剑履歌尘绝，红袖香消一十年。

其三：
适看鸿雁岳阳回，又睹玄禽逼社来；
瑶琴玉箫无愁绪，任从蛛网任从灰。

她写得深情，仿佛所有的心思都想要表达她浓浓的思念和爱。午后睡去，泪水湿了萝衣。心脏原本仅仅是一个容器，承载了种种世事无常的悲伤喜悦，而我的容器盛满了重重复复的你你你，多得溢出身体的每个细胞，如果你的魂魄还在，是否可以听见心脏破裂的声音？我想你，念你，我爱你。无论怎么样的证明，我都爱你。

张愔带了她的诗给白居易，短小的诗歌击打着白居易的心灵。当年，他看到了他们的爱情，可是如今，当年的友人早已经离开，而美人却独守空楼虚度年华。时光早已经将娇艳一时的盼盼遗忘，取而代之的是不灭的歌舞升平。白居易掬了一把泪水，黯然神伤。

诗人的心和女子一样，容易感伤，敏感而脆弱。他能够抓住常人不能触及的细节——上天给了这些人触动细微的灵感，于是他们便有了诉尽一切想法的可能。爱是不断肯定、不断怀疑的过程，而影响人的感觉往往不是对方，而是他人。

白居易理解盼盼，理解她的凄凉，她的寂寞，理解那物是人非风景独垂的感觉。张愔的离开，让她的生活至此错乱，舞衣层层叠放，粉黛不施。她的生活，只剩下回忆，只剩下等待时光流淌，当年轻飘一曲宛若仙子的美人不复存在。只是，这个女子的爱搁在十年前没有取回，时间误了她十年，误得她不复年轻，不复美貌。张愔墓上的白杨早已经可以做柱子，而红粉佳人依旧。

此刻白居易的笔风一转，成为盼盼生命完结的根因，他写"见说白杨堪做柱，争教红粉不成灰"。他所谓的伦理道德害了他如泉涌的思潮，毕竟封建制度下，女子能以死殉夫，在他们眼中实为女人的一种崇高而无上的美德。女子属于那个时代最弱小的存在，高傲如男子，没有理由去在乎女子的感受，因为男人是天，是王道。他们认为女子的名声高于生命，如果空守还不如化作尘埃去滋润他凋谢的灵魂。

而张仲素带给盼盼的，除去三首燕子楼，还有一首露骨的七言绝句。

黄金不惜买蛾眉，拣得如花四五枚；
歌舞教成心力尽，一朝身去不相随。

如果说，盼盼看到了前面的燕子楼，敏感在心底滋生，那些十年的孤单涌入心头，一时间化作轻生的动力，那么这首诗无疑是起到了推波助澜的作用，让盼盼坚定了赴死的心。一朝身去不相随呵，这是多么不解的斥责，和前面表现的同情相比，乐天都不像是之前的那个乐天了。盼盼泪溅诗笺，张仲素也哭了，这么多年来独守寒窗都不如自己的一死，这样十年的等待换到的是一个不如。

她伤心了，绝望了，现实永远那么残酷伤人，不像愿望美好如花。她流泪说与张仲素："自从张公离世，妾并非没想到一死随之，又恐若干年之后，人们议论我夫重色，竟让爱妾殉身，岂不玷污了我夫的清名，因而为妾含恨偷生至今！"她哭泣是因为她在乎，在乎别人的言辞，她到底没有世俗外那些女子的宠辱淡定，她是活在世俗中的，亦会为了世俗而死。泪水模糊于白居易的诗笺，她和着泪水在上面依律和了一首七言：

自守空楼敛恨眉，形同春后牡丹枝；
舍人不会人深意，讶道泉台不相随。

她写得决绝，言辞中裹上了一层尖锐的刺，你说我不会殉夫，我偏要殉给你看，黄泉路上他始终不会寂寞，因为有我的陪伴。她说她对生死之事早已经看透。当女人提到爱情，便会欲罢不能，尽全力地去做一切。她是恨白居易的吧，因为她曾一度认为白居易是理解她的。相比于生死她更在乎的是一种知心的感觉，可是连自己信任的人都不曾理解，女子心中的悲伤很大地化成一种向你证明的冲动。

白居易那样潇洒的文人禁锢在一个自己逃不开的世俗的圈子中，它禁锢了他的思想，他的身体。盼盼是盲目的，在面对死亡的道路，她一心只是为了证明自己的爱是深切而热烈的，即使他死后的十年，自己依旧可以为他而死。她绝食，十日后而终，临别之际她说：儿童不识冲天物，漫把青泥汗雪毫。

她在炫耀，她赢了他，但赢了他却输掉了自己的生命。

在百年后，东坡夜登燕子楼梦到盼盼，故而作词。不同于白居易的是，东坡忘却了世俗，忘却了礼教，这个一生为爱充斥的男人自然懂得盼盼寂寞的心灵，他同情她，刺穿了百年前她寂寞的根源。梦如往昔，亦如明日，佳人不曾觉梦而已。

东坡于礼教外的理解让我感动。

和他不同的，明末清初才情出众的女子王微，这个与盼盼境遇相同的女人，拟了《拟燕子楼四时闺意》诗四首，其三云：

罗衾自垒怯新凉，无寐偏怜夜未央。
生死楼前十年事，砌蛩帘月细思量。

这个当年与柳如是齐名的女人，被钱谦益称作："今天下诗文衰熠，奎璧间光气黯然。草衣道人与吾家河东君，清文丽句，秀出西泠六桥之间。"我同情她，也同情盼盼，她们都不会保护自己，如针似的，总会将她们扎得鲜血淋漓。

  爱情,哪有什么深浅可言,更没什么闲话留给外人评说。
  我爱你,我的爱人。
  我们要单独相处。
  黑夜将永无止境。
  太阳不会再升起。
  只要,我拥有你。

绿珠

她不冤，这生能找到如此男子爱她。她美丽铿锵，生死相随，这身勇气，无限的谈资。

《周易》中说"慢藏诲盗，冶容诲淫"，我想这句话是最适合乔知之和窈娘的故事了。乔知之才子一名，只可惜落在了盛华的大唐，而大唐仿佛就是为才子而存在的，他没有溅起多么波澜壮阔的水花。

乔知之算不得是有骨气的男人，因为他和天下许多男子一样最无法抗拒的就是女人和权力，但他并不惹人生厌，我只是为了窈娘可惜。

知道他，是因为他的《折杨柳》，这是一首以女子口吻开题的诗，一个女子如泣如诉地倾心，说"何必君恩独能久"，多么让人伤神。被男人淡忘掉的这个女子也许只是他众多艳事中的小火花，却让她尽力将他缅怀。

真卑微！这样的爱真卑微啊。

忘不掉，受了伤，似乎总是女人。

真真是，几多旧情话，说与新人听。

明知世间情爱如此，男人薄情，又何必为她终日泪洗面，残妆啼君心呢。

他那首《折杨柳》是这样写的：

可怜濯濯春杨柳，攀折将来就纤手。

妾容与此同盛衰，何必君恩独能久。

以他开题，我想写的是绿珠，因为他曾经写过《绿珠篇》，用绿珠的故事写尽他的怨诉：

石家金谷重新声，明珠十斛买娉婷。
此日可怜偏自许，此时歌舞得人情。
君家闺阁不曾观，好将歌舞借人看。
意气雄豪非分理，骄矜势力横相干。
辞君去君终不忍，徒劳掩袂伤铅粉。
百年离恨在高楼，一代容颜为君尽。

既然说到这里，我就想提一提乔知之和窈娘的故事。

这故事发生在女皇武则天的时候，窈娘是乔知之的侍婢，集万千宠爱于一身，对于文人来说，能伺候在身边的女子大多都是善歌能诗文的，窈娘自然如此。

当时是武氏的天下，武氏的人行为跋扈。武承嗣骄矜，因着家族的权力肆无忌惮，他以金玉做赌注与乔知之求窈娘，其实何必用得着金玉之赌做借口，他武承嗣想要的如何能不给，结局自然是乔知之输了，如所想一般输掉。乔知之明白自己得罪不起武承嗣，所以只得暗暗地怨恨。

于是他写了《绿珠篇》传诗给窈娘，她懂他的情、他的意，于是将诗绣在裙子上投井。而武承嗣不愿放过乔知之，在这场争夺中，乔知之本不是武承嗣的对手，不光输掉了爱情，同时也输掉了全家人的自由。

他写《绿珠篇》，是因为那故事和他太为相似，只是石崇始终是慷慨的护绿珠周全的。最后绿珠坠楼，引人落泪，石崇对绿珠的这份情给我的感动远远超过了乔知之和窈娘的故事。

知道石崇是因为潘岳，一直对石崇这种奢侈华贵的巨富没有好感——直觉给了我偏见。我始终觉得这种男子是那种无所事事的浪荡公子，可是因着潘岳和他交好，我才知道石崇也是才子一名。

石崇曾与晋武帝的舅父王恺以奢侈相比较，这件事相传良久，王恺以四十里的白丝布步障，石崇便做了五十里的锦步障。王恺用赤石脂涂壁，石崇便做椒房。石崇的奢侈是古来少有的，有太多可供人茶余饭后谈资，所以他本身的才华，被我们渐渐地忘却。

乐府中有一首《王明君》是他所写的，诗歌的内容是屡见不鲜的王昭君出嫁。他写昭君是这样的，我总觉得这其中多多少少有一些绿珠的影子：

我本汉家子。将适单于庭。
辞决未及终。前驱已抗旌。
仆御涕流离。辕马为悲鸣。
哀郁伤五内。泣泪沾朱缨。
行行日已远。乃造匈奴城。
延我于穹庐。加我阏氏名。
殊类非所安。虽贵非所荣。
父子见凌辱。对之惭且惊。
杀身良未易。默默以苟生。

苟生亦何聊。积思常愤盈。

愿假飞鸿翼。弃之以遐征。

飞鸿不我顾。伫立以屏营。

昔为匣中玉。今为粪土英。

朝华不足欢。甘为秋草并。

传语后世人。远嫁难为情。

他说"远嫁难为情",倒让我觉得这写绝了绿珠的心思。

一个贫家的边塞女子,一个出使的使臣醉心于她的美色,她就随这个男人远走,被带到专门为她而建的"崇绮楼"了此一生。

这故事,极罗曼蒂克。

我不觉想起了琼瑶的《一帘幽梦》,那"崇绮楼"像极了费云帆为紫菱在法国庄园建造梦园的场景。紫菱是幸福的,因为她是云帆唯一的幸福,可是我想绿珠一定是不大快乐的,纵然她宠惯一时,只是她的身后,有千百个女子在觊觎着她的位置,好在,石崇对她一直是专情的。

绿珠本姓梁,她的名字有两种说法,一种是《乐史·绿珠传》中说"绿珠本姓梁,岭南合浦人,俚族,俚人习俗重珠,合浦特产珠,生男名珠儿,生女名珠娘"。另外一种是《太平广记》载:"博白山下有绿珠井,本安定梁氏,女貌非常,而眉尤异,绿彩而鲜明,舒则长,蹙则圆如珠,故名曰绿珠。"

这都不是重点,绿珠、红珠,统统无关紧要。

重要的是,她是美丽的女子,又有王嫱一样的凛烈个性。他出使,被她美色所倾倒,她有勇气,跟他走,管他去哪,这勇气啊,这运气呀。

出去搏一搏,她也不愿意在华丽的牢笼中寂寞地终老,她大胆,把自己交给一个初识初见的男人，如几百年前那个唱着《越人歌》的女子一样，跟随着一个自己并不了解的男人去过他的生活。似乎，越女比绿珠更有魄力，因为她和她的王子连言语都不通，可是她还是愿意去搏，这算得上是爱情的奇妙之处和伟大能力了。

她们与时间为敌，与地域为敌，与陌生的环境为敌，即使她们的对手强大，也不惧怕，前路如何，并不在意，君既有心，我也放肆赌它一把。

《晋书卷三十三列传第三》中如是说："崇有妓曰绿珠，美而艳，善吹笛。孙秀使人求之。崇时在金谷别馆，方登凉台，临清流，妇人侍侧。使者以告。崇尽出其婢妾数十人以示之，皆蕴兰麝，被罗縠，曰：在所择。使者曰：君侯服御丽则丽矣，然本受命指索绿珠，不识孰是？崇勃然曰：绿珠吾所爱，不可得也。使者曰：君侯博古通今，察远照迩，愿加三思。崇曰：不然。使者出而又反，崇竟不许。秀怒，乃劝伦诛崇、建。崇、建亦潜知其计，乃与黄门郎潘岳阴劝淮南王允、齐王冏以图伦、秀。秀觉之，遂矫诏收崇及潘岳、欧阳建等。崇正宴于楼上，介士到门。崇谓绿珠曰：我今为尔得罪。绿珠泣曰：当效死于官前。因自投于楼下而死。崇曰：吾不过流徙交、广耳。及车载诣东市，崇乃叹曰：奴辈利吾家财。收者答曰：知财致害，何不早散之？崇不能答。崇母兄妻子无少长皆被害，死者十五人，崇时年五十二。"

我太爱他这一句"绿珠吾所爱，不可得也"，这句话太豪迈仗义，果真敢爱，勇而无怯，护着心爱的人，寸土不让。可以让我抛弃一切一切对这个男子认识的偏见，毫不保留地爱上他。

绿珠在她自己对人生的博弈中赢了，赢得这样的爱情，她不冤，这生能找到如此男子爱她，真幸福。

我想，她纵身下跃的瞬间，内心定是无比的充实感动，这段情，纵然我绿珠来生再报答你，我也相信你会在原地等待。

《红楼梦》中黛玉曾经做五首诗，被宝玉唤作《五美吟》，一吟为绿珠：

瓦砾明珠一例抛，何曾石尉重娇娆。
都缘顽福前生造，更有同归慰寂寥。

黛玉写石崇对绿珠的情意，她说石崇对绿珠的爱早已不是爱她的美色了，那段前世注定的缘分标注了他们这一生应该生死相依。我想这是落寞的黛玉的心思，她想若是自己有这样不离不弃的宝哥哥在身边，她也可以变得像绿珠一般，可以为了爱情以勇气回报。

曹雪芹一定是爱极了这个情意有加的女子，写得情意款款，绿珠和石崇是彼此慰寂寥，他也在慰她的寂寥。

石崇前半生是繁华，十里豪奢，灯红酒绿，可也抵不上一个女子坠楼时的美丽，她像花期短暂的木棉，开花时叶片落尽，一大团，一大团，满树的红，美得无可救药，谁去触碰都是亵渎。

她留给后人的故事凄美从容。这身勇气，无限的谈资。

唐汪遵作《咏绿珠》：

大抵花颜最怕秋，南家歌歇北家愁。
从来几许如君貌，不肯如君坠玉楼。

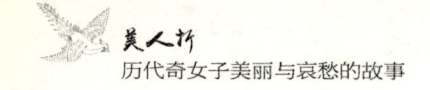

金谷园的繁华是一时的盛世，绿珠坠楼的地方成为永久的物照。我看后人为她所写的诗词，写尽繁华落幕，离愁千万，却总忘记她的追随，她要的是落花有意，流水便相随。

这般坚定的爱情，从她跟随他离开故乡的时候就已在心中萌芽，她相信他是个能够给她幸福的男子。他做到了，为她披荆斩棘，而她，日益日趋爱上他对她的好，入情渐深。

这故事，合该怨恨孙秀，却也因孙秀的存在，让他们彼此的这份爱证明给彼此。

其实，也不需要什么证明，只要"君心即我心"。

她早已经不是当年绿萝村里一笑倾心的女子，她的美，永远地停驻在一个男子，对爱情的保护上。

她这般美丽铿锵，生死相随，人生的路途是那般曲折亘涩，无法忠贞地保全自己，就化作春泥守护你我的爱情之花。

世间既不自由，唯有自叹命薄，不感慨及谁何。此身虽为黄土，魂灵当用随君侧。

花蕊夫人

她曾经和他是那样美好，享受着人世最幸福最好的时光，她这一生，爱了他，信了他，执着了他。

很早之前看到宋词鉴赏词典的时候就知道她的存在了，却一直没有去安心念过她的诗词，是我浅薄了，在她面前，谢道韫都是平凡的女子，薛涛也是及不得她的。自古的才女，难能有才貌双双横绝于世，易安的诗文是极好，较她的美貌却逊色。即使是让长安的男子拜倒的玄机，诗文也远逊色于她。可是我今天才去念她，知道她的存在是那么的精彩。

史上的花蕊夫人有四个人，我所知道的有其中的三人。一位是五代蜀主孟昶宠信慧妃徐氏，孟昶是个荒淫的帝王，亡国是早晚的问题，即使他是这样的弱势，可是却得到这个因美貌而被他叫做"花蕊夫人"的女人的心，或者我觉得，她忠贞的是自己一片对国家的热忱和对她彼时的男人将江山拱手让出的愤怒，所以后来她的委身，她的爱情，她的死亡，一切的一切，让这个女子超越了古时女子的界限，那样璀璨美丽。

而另外两个被称作"花蕊夫人"的女子，一位是前蜀王建的小徐妃，也有人说她是后来亡国的王衍的生母。这个小徐妃与她姐姐也是喜好诗词的，有诗词传世。而另一位是南唐的一位宫人，史书《十国春秋》记载："又有南唐宫人，

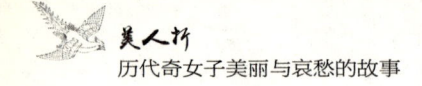

雅能诗，归宋后，目为小花蕊。"我要讲的，是孟昶的花蕊夫人，这个才情与美貌及正义云集一身的女子。

我喜欢她的文字，同玄机的文字一样艳丽，却也不乏李季兰的清新的心境。她有《述国亡诗》那样的慷慨激昂，有薛涛身上散发出的那种男子的大气磅礴。那首诗我们都知道，或者说都曾有过一面之缘，熟悉却不知道作这首诗的女子，是那样奇异美丽。

君王城上竖降旗，妾在深宫那得知。
十四万人齐解甲，宁无一个是男儿。

这诗写得极好，有唐人余下的风采，似乎是灵光泵涌。一个女子有这样的气魄是少见，尤其是在五代十国的乱世，在这样一个大家悲春伤秋的时候，这般豪情壮志，带着盛唐风采的诗句难能可贵。

提及这样的乱世，赵匡胤真的是一个英雄，当年千里送京娘，率兵戈铁马打遍十八座军州，建立了羸弱却长岁的大宋。说到他，第一个映入心里的是他废丞相等等一系列的大幅度举措，他算得上是一个帝王之才，打得天下的人并不一定坐得稳天下，帝王的治世之才，统筹谋略不是常人能有的。赵匡胤有这样维护自己统治的能力，同时也有一颗可以包容的心。

花蕊夫人是在他的面前写下这首词的，在此之前还吟诵了当日离开蜀国，途经葭萌关时，写在驿站的墙壁上的词：

初离蜀道心将碎，离恨绵绵，春日如年，马上时时闻杜鹃。
三千宫女皆花貌，共斗婵娟，髻学朝天，今日谁知是谶言。

作为一个亡国的婢人,她有这样的勇气是让人敬佩的。孟昶降了赵匡胤,却如同李煜一样死在他所分封的高官厚位上,一朝天子一朝臣这个道理大家都是明白,既然从开始作对,即使后来投降,也是被迫的,注定了你被征服的时候再来博取同情只能让自己得来一时的喘息,死亡却来得悄然无声。

孟昶就是这样的男子,他想得很简单,以为用自己的一方土地可以换得一个君王对自己的信任,他错了,所以家人和他一起错了。绿柳才黄时节,孟昶、花蕊夫人与李昊一行三十三人被押赴汴梁,杜宇声声:"行不得也,哥哥!""行不得也,哥哥!"实在叫人心碎。到汴梁后,孟昶被封为秦国公,封检校太师、兼中书令。可是七天后却暴疾而终,年四十七岁。

暴疾而终,多好的理由,古时候多少宫闱秘史都是用这样的字眼将传奇化为句点。我不想去猜测后面阴险的终端,好累好恐怖。赵匡胤辍朝五日,素服发表,赙赠布帛千匹,葬费尽由官给,追封孟昶为楚王。这样,故事便有了完美的结局,他表现得多么仁慈,多么大度啊!

孟昶的母亲早已经看透了事情的始末,她懂得受封就是死路一条,所以安详地随孟昶的死绝食而亡。这样,就剩下了一个女人,一个才情美貌并重的女人——花蕊夫人。赵匡胤是听闻她的才华,惊艳于她的美貌,将她留在自己的身边。于是,她开始了在他身边生活的日子,抱着对孟昶未随的爱情,在她的敌人身边,做一个赵匡胤所谓的万千之宠爱的女人。

其实赵匡胤对她是极好的,爱惜她的才华和美貌,爱惜她的燕燕尘寰。我在想,如果她愿意做一个逆来顺受的小女人,享受着前后两个帝王对她的无限

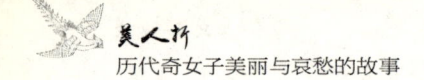

的宠爱是多好，当一个她那样的女人太累，当一个她那样的女人也太难。女子一生只求的是安稳的生活，有爱的人，有好一点的物质条件，尤其是古时候的女子，她偏偏不肯去做一个安分的小女人，如现在的许多女子一样，充斥着想法和抱负——即使传言中她的抱负未曾成功。

上天既然选择了由赵匡胤继承这个时代，就自然会让这场烽烟不再吹起，她甚至还没有来得及做应该做的事情就已香消玉陨了。我们去寻史书，找不到她的死亡原因和详细过程，于是只能在野史中寻找零星的笔记，北宋中期邵博的《闻见近录》中说赵匡胤的弟弟赵光义宠幸花蕊夫人耽误朝政，引弓将她射死，随后对赵匡胤说："陛下方得天下，宜为社稷自重！"北宋末年的《铁围山丛谈》说："花蕊夫人归宋后，赵光义也十分喜爱她。一次从猎后苑，花蕊夫人在侧，赵光义'调弓矢，引满拟兽，忽回射花蕊，一箭而死'。"

不愿意去寻找真正的原因，我怕自己觉得赵光义的形象更坏一层，他不是一个正人君子，从后来他对小周后的贪婪来看，他不是一个将别人的江山看得比美色更重要的男人，他没有那种一心以社稷为重的胸襟。

花蕊夫人始终没有忘却那个荒淫却对自己爱得忠心的男子，即使是冒着那样大的风险也甘愿为他作画像，为他供奉，将他供养。赵匡胤见到过，许是不愿意承认这个眉目明晰的男子，赵匡胤却从未将这件事情戳透，反倒是去相信这个女子随口去编的胡言乱语，她说："这是俗传的张仙像，虔诚供奉可得子嗣。"他是爱她的吧，即使她从未将心停留在他的身上，他还是默默地等在她的身旁。这样的爱情，错综复杂。

后人曾经感念花蕊夫人对孟昶的感情，写下这样美丽的诗篇：

供灵诡说是神灵，一点痴情总不泯；
千古艰难唯一死，伤心岂独息夫人。

孟昶这个男子，是悉心待她的，在他的眼里她是"花不足以拟其色，蕊差堪状其容"，他将她捧在手心，用他的爱情守护感激。在众人的眼里，他是沉迷女色极尽奢华的男子，她是红颜祸水，背负了众人的骂名。她为他进谏，挽救他的王朝。可是王室气数已尽，一个女子的力量始终不及一个王朝被颠覆的力量。

他并非勇者，并非大智，因着帝王之尊有许多普通人的坏毛病，可是他还有他的本真和善良，至少，他对她，是付出了自己的爱惜和真心。一个女子，想要爱的，要等待的，就是这样一个愿意真心爱自己的男子。

她曾经和他是那样美好，享受着人世间最幸福最美好的时光，他们曾经一起填词，一起在盛夏的夜晚相望。芙蓉帐暖，春宵共寒。他们说最美的言辞，执子之手，与子偕老。像一首绵延而美好的歌曲，从未想过开端也从未想过会结束，或者他们理想的只是一起慢慢变老，而就像音乐带中间卡带，王朝突兀地灭亡，将这份永恒的誓言变成一场祭奠。那夜，他填词，她为他按琴而歌，唱：

冰肌玉骨，正清凉无汗。
水殿风来暗香满，绣帘开一点，明月窥人，人未寝，欹枕钗横鬓乱。
起来携素手，庭户无声，时见疏星渡河汉，试问夜如何？

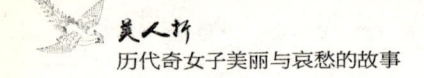

夜已三更，金波淡绳 低转。

但屋指西风儿时来，又不道流年，暗中偷换。

她站在他们爱情的原地，守候着爱情的呼吸。在秋风里等待，等待他飘回的身影。在宫廷里的日子，在那里的点点滴滴，如同侵蚀锈腐的文字一样显得了无生机。她的笑容凝住了当年，樱红的嘴唇，是最初轻叹的方向。她叹的是四月芳菲，是她的他，和她从一而终的爱情。

有一个男人，在她的身后，为她一句理想的约定而守候。在风干的岁月，他始终等候她的回首，希望玫瑰绽放的温柔可以将那日的牡丹美色比下去。他以为牡丹是往日，他可以是玫瑰新时，却从未得到她的一声赞叹。

江山美人，这一世他将江山拥有，来生让美人相伴去幸福。

他在天堂，等待着她的魂归，继续他们约定的爱情。或者死亡对她是解脱，不用那么悲怆和艰难，只需要一下的痛楚，她就可以握住往时温暖的手，她这一生，爱了他，信了他，执着了他，再也容不下他人。

那份未来如同装进信封的幸福，看得见两个人的署名，却看不见中间的浓言软语，恩爱缠绵。

虞姬

这生短暂仓促,却这样坚定不渝地走在一起。生与死都不论。因为你在我眼中,无懈可击。

肠断乌骓夜啸风,虞兮幽恨对重瞳;
黥彭甘受他年醢,引剑何如楚帐中。

喜欢黛玉这样写虞姬,带着她自身不明的爱情。

曾经看过一个故事,里面有关于虞美人的一段文字:"虞姬自刎之后,鲜血流淌之地长出鲜艳的花朵便是虞美人。虞姬之所以死,因为她跟错了男人。项羽当初手段若是足够狠毒,杀了刘邦,也不至于落得这步田地。明白了吗?敦厚老实固然是好的,可你有妇人之仁,必定成不了大事。所以你的心要再狠一些。"那些话,仿若隔世。

那个故事,对我的触动很大,故事里的女子对男子说:"你的心,应该再狠一些。"

可我是个软弱的女子,遇上了对的人,就不再回头,哪怕知道是悲伤的结局。女子的天性就是如此,许多东西只是一念之间,无法狠下心去割舍,所以

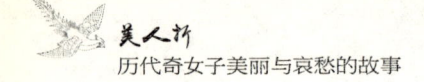

才是女子。

虞姬也是这样的，她既然爱他，便愿生生世世不离不弃。人生真爱难寻，英雄美人，常常是贪一时之欢，像他们这样，爱得如此壮烈，血肉清晰，可感可触，真是少见。

虞美人这种花，似乎注定是别离的代表，它被千年前一个女子的血所浇灌，终化为对殇逝的警告。那年，她用自己的鲜血为誓，爱为盟，鉴天地日月，明一个男人的心。今天我去观看了虞美人的图片和故事，看到一战时候受到侵略的土地开出了大片的虞美人，我哑然，只能是哑然。这似乎是巧合，却真真切切地开在两个被鲜血染红的土地。这花，似乎天生是嗜血的，所以开得那样鲜红，如同虞姬美丽的容颜。

项羽和虞姬的故事，上天让它成为爱情最坚实的证据，我们也因此相信矢志不渝是何等的坚定，相信生死不离。每每说起虞姬和项羽，我的耳边总徘徊着那首遥远的古音，似乎，只有他们才配得上这样生死契阔的承诺。

上邪！我欲与君相知，长命无绝衰。
山无棱，江水为竭，冬雷震震，夏雨雪。
天地合，乃敢与君绝。

秦末乱世，楚汉相争是一出好戏。公元前203年，西楚霸王项羽与一代枭雄刘邦签订了"中分天下"的合约，两个人一个向东退，一个向西退，各自安好。

可项羽碰见的是刘邦啊，是狡猾阴险的刘邦啊。楚军粮尽，刘邦怎能放过这大好的机会，两次背约追击楚军。楚王项羽豪气盖世，奈何时机不利，终于，楚军在垓下被刘邦四十万大军困住。

《史记项羽本纪》中记载："项王军壁垓下，兵少食尽，汉军及诸侯兵围之数重。夜闻汉军四面楚歌，项王乃大惊，曰：'汉皆已得楚乎？是何楚人之多也。'"

楚歌唱："家中撇得双亲在，朝朝暮暮盼儿归。田园将芜胡不归，千里从军为了谁。沙场壮士轻生死，十年征战几人回。"

擒贼先擒王。

行军打仗，攻心为上。

刘邦让将士扮作楚人，在项王帐篷外扰乱军心，直来直去如项王，如何抓得住刘邦的九曲心肠呢？自然是中计了。

易安说："至今思项羽，不肯过江东。"她认同项羽身上的气节，项羽执着又自负，一向不愿意将刘邦这个无耻的人看在眼里，与其说他输在了刘邦的计谋下，不如说败在自己的骄傲下。

武夫重要的是心气，是心里那种目空一切的傲气。项羽是英雄，顶天立地，可是始终断不了武夫的莽气，所以这天下，他注定坐不了。

兵败如山倒啊。

项王败了。一直跟在他身边东征西讨的虞姬啊，未曾享受一天平静的生活。夜夜难安，血雨腥风的沙场，终于轮到她的男人洒热血了。

狼烟四起，鼓角争闻。漫山遍野的人，漫山遍野的人啊。

他们两个，却无处遁逃。

075

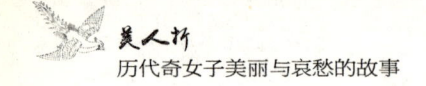

京剧《霸王别姬》里面有一段词，唱的大抵是虞姬的心肠。

虞姬唱："看大王，在帐中，和衣稳睡，我这里，出帐去，且散愁情。轻移步走向前荒郊站定，梦抬头见碧落月色清明。"

虞姬还唱："云敛清空，冰轮乍涌，好一派清秋光景。""月色虽好，只是四野解释悲愁只剩，令人可惨。只因秦王无道，以至兵戈四起，群雄逐鹿，涂炭生灵，使那些无罪黎民，远别爹娘，抛弃妻子，怎么叫人不恨，正是千古英雄争何事，赢得沙场战骨寒。"

江山王朝，她哪里放在心上。她所依所靠所图的，不过是身边男人的胸膛。

虞姬是女子，无欲无求的女子。她见惯了伤亡，却没有想到有一天自己的男人会亡灭。

她是他生命尘埃落定的爱情，是空气，是吹不散的守护。

当英雄遇上美人，再坚毅的眼神，只需要她的一个微波荡漾，他就可以温柔万千。沙尘和悲鸣声，似有似无，她习惯了，从十四岁见到他开始就已经习惯了。

他，宛若战神，可有一天战神败了，堕落凡间，她也要紧紧跟随着，不离不弃。

汉军杀来，她为他最后一舞，抽出他的佩剑，横刀自刎。

她本是女子，只求爱情的女子，既然没办法与他坐拥天下，就为爱情毅然饮剑。

虞姬对项羽的爱，可堪日月表。

今朝，你是我的天神，那么我就要用尽一生一世爱你。今天，你推盏欢歌，我便做你的舞娘，不论明天生死否。

你披靡战场，我长信古佛为你祈祷。你兵败如山倒，我倾城一笑，与你生死相依。

你饮剑，落泪。我要笑，让你记得我最美的容颜。

项王啊，你长歌，我就为你舞剑。

你英雄，你好汉，我只做你的美娇娘。

这一世，你欠我一个约定，欠我一份幸福；来生，只愿意做一对平凡的、相爱的夫妻，携手从春夏，到秋冬。

他生来就是传奇，也用传奇般震撼的方式谢幕。乌江之围，他仰天长叹："天之亡我，我何渡为！且籍与江东子弟把钱渡江而西，今无一人生还，纵江东父兄怜儿王我，我何面目见之，纵彼不言，籍独不愧于心乎？"横刀也自刎。

项羽不是刘邦，不屑用小人之计，当年他有多少机会去杀了刘邦，可是他却不齿这种小人的做法。刘邦是小人，只要抓住机会他一定不会放过的小人。项羽不是他，他在乎最细微点滴的痛苦，他是英雄豪情也柔情万种。但我们不得不承认，一颗冷漠的心是适合做皇帝的，这是做皇帝的长处，也是做平常人的短处。那日高堂上，项羽唱：

力拔山兮气盖世，时不利兮骓不逝。

骓不逝兮可奈何，虞兮虞兮奈若何？

我记得自己很小的时候就将它背得烂熟，却从未用心体味它背后的感情。

她最后一次为他舞剑，带着过去彼此走过的点点滴滴一路走过。

她和一首歌：

汉兵已略地，四方楚歌声；
大王意气尽，贱妾何聊生。

看一把剑，要看剑心，他们的感情像是用爱铸就的剑，如同干将莫邪一样生死无悔，生死莫脱。

四面楚歌，他率众人拼杀，纵然是死，他乃顶天立地的男儿，男儿当战死沙场。她知道他心，随他在乌江自刎。

天下平复。只是乌江开出了一片鲜艳的花田，和着深深的眷恋。

这花也载不动这样尘中的爱情，它如血一样鲜红，生生不息，开到黎明，指引一半诉说，一半爱情。

宋人李冠写《六州歌头·项羽庙》，字字珠玑，道破他们的颠沛流离：

秦亡草昧，刘、项起吞并。
鞭寰宇，驱龙虎，扫 枪，斩长鲸。
血染中原战，视余耳，皆鹰犬，平祸乱，归炎汉，势奔倾。
兵散月明，风急旌旗乱，刁斗三更。
共虞姬相对，泣听楚歌声，玉帐魂惊，泪盈盈。
念花无主，凝愁苦，挥雪刃，掩泉扃。
时不利，骓不逝，困阴陵，叱追兵。
呜咽摧天地，望归路，忍偷生！
功盖世，何处见遗灵？
江静水寒烟冷，波纹细、古木凋零。

遣行人到此，追念益伤情，胜负难凭！

不要去计较他的功过是非。

三千弱水，乱世风云，也抵不上她飘舞轻盈，笑在灯火阑珊处给我们的感动。

他或许到死都没有明白自己因何故兵败如山倒，他说时不利，其实再怎么去寻找原因，都没有意义了。

但是他却知道这个女子的深情厚谊。

这才是最珍贵的。

不知道，他挥剑自刎的刹那，会不会想到自己欠她一个一生一世的承诺和一辈子的幸福。

这生短暂仓促，却这样坚定不渝地走在一起。

生与死都不论。

生命诚可贵，爱情价更高。

人生难得与同携手、共白头的人出现，遇见就不要错过。

那个故事里，她说："虞姬跟错了男人。"

可若是，能因着功名停下对他的爱，那女子就不叫女子。

爱情，就是这出《霸王别姬》的戏。

哪管生与死，名与利。

因为你在我眼中，无懈可击。

爱你爱你，互见衷肠。

[四章]

无关风月，只为真心

班昭

她的爱情、婚姻，就像幻影一样。心下虽有遗憾，但她值得所有女子羡慕。

刘克庄说："为孟坚补史，班昭才学，中郎传业，蔡琰辞章。"

许是身在乱世，蔡文姬飘零良久，所以她一生总是给人"人生几何时，怀忧终年岁"的悲愤。

而班昭一生较于文姬，沉静如水。

我总相信，书香门第出来的人，不一定都像三曹三苏、二周二叶那样耀眼，扬名于世，但他们一定不会太差——尤其在古时候，尤其对于女子而言。这不是偏见，放眼看去，那些个史书留名温婉贤淑的女子，大都受过或者曾经受到过良好的家庭教育。

除非，她是生而为文的。

班昭并不是后者。班氏一门多豪杰，父亲班彪、长兄班固都是史学大家，次兄是"投笔从戎"的定西侯班超。从小，她就是看着父亲整理史书，看着兄长写史书，学务识礼。

她或许从来没有想过，自己会被命运推上历史的风潮浪尖，她写《女戒》

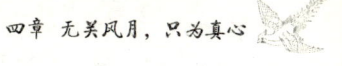

七篇，只做私家课堂，可很快却流传成为女子戒行，千年之久。

《女戒》有七篇。也许她的思维因着史学严谨的逻辑，她所坚持的信仰，以及完成工作的态度，完全一个女强人的方式。她写卑弱、夫妇、敬慎、妇行、专心、曲从和叔妹七章。她的许多观点，让我看来讨厌。关于《女戒》的资料，如下写道：

在"卑弱"篇中，她引《诗经·小雅》中"生男曰弄璋，生女曰弄瓦"的说法，认为女性生来就不能与男性相提并论，必须"晚寝早作，勿惮夙夜；执务和事，不辞剧易"，才能克尽本分。

在"夫妇"篇中，认为丈夫比天还大，须敬谨服侍，"妇不贤则无以事夫，妇不事夫则义理坠废，若要维持义理之不坠，必须使女性明析义理。"

在"敬慎"篇中，主张"男子以刚强为贵，女子以柔弱为美，无论是非曲直，女子应当无条件地顺从丈夫"，一刚一柔，才能并济，也才能永保夫妇之义。

在"妇行"篇中，订立了妇女四种行为标准："贞静清闲，行己有耻：是为妇德；不瞎说，择辞而言，适时而止，是为妇言；穿戴齐整，身不垢辱，是为妇容；专心纺织，不苟言笑，烹调美食，款待嘉宾，是为妇工。"妇女备此德、言、容、工四行，方不致失礼。

在"专心"篇中，强调"贞女不嫁二夫"，丈夫可以再娶，妻子却绝对不可以再嫁，在她的心目中下堂求去，简直是不可思议的悖理行为，事夫要"专心正色，耳无淫声，目不斜视"。

在"曲从"篇中，教导妇女要善事男方的父母，逆来顺受，一切以谦顺为主，凡事应多加忍耐，以至于曲意顺从的地步。

在"叔妹"篇中，说明与丈夫兄弟姐妹相处之道，端在事事识人体、明大义，即是受气蒙冤也是天经地义的事情，万万不可一意孤行，而失去彼此之间的和

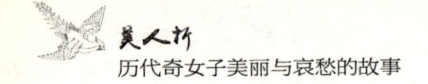

睦气氛。

　　站在男子的角度，或者站在专制的角度，我应该为她鼓掌，可是我不是，我是女子，现代的女子，所以觉得错误，觉得荒谬。女子为什么要天生比男子弱小，为什么要甘愿接受男子的独裁！我从不甘愿做一个被欺压的小女人，但也没有愿意要做一个如她一样的大女人。但至少，在关于女权方面，不会如她一样将自己打压。

　　未读《女戒》之前，我一直觉得，这个千年前的女子像极了亦舒笔下一些现代的女主角，出身名门，受着良好的家教，不依赖什么传奇的爱情和名门的身份，真真切切干了一份自己的事业，光芒夺目。
　　读过《女戒》之后，只觉得荒唐，她哪里是女主角似的女子啊，《女戒》七章，仅《妇行》一章不太会引起反感，可以选而为之。
　　但是细细想来，是我忽略了她的年代。那时岁月，女子本卑下，她所受的教育如此，世人普遍价值观如此，哪里值得苛责。

　　后来，她的长兄班固因为窦宪的案子死于狱中，她被汉和帝特别准许，到东观藏书阁翻阅古籍，接手了长兄留下来的史书编纂工作。《汉书》是二十四史中的一部，史学成就不容我去说，它的语言干净历练，尤其如《外戚列传》这样的章节，班昭独立完成了《百官公卿表》、《天文志》，为史学者所青睐。即便如此，后来的结尾她仍旧冠上哥哥的名字。据说当时的大学者马融为了请求她的指导，曾经还跪在了东观藏书阁外，只是为了简单地聆听班昭的学问。

　　但是她并不是只念书的闺阁少女，所以用简单的才女二字称呼她，这未免太委屈。她编史书，知天下事，也论天下事。帝数召入宫，令皇后贵人师事之，号曹大家（gū）。即使是现在，我们依旧可以找到她留下的遗迹，在陕西省咸阳可以找到被列入文物保护单位的她的墓址。才女是才女子，并不一定是那种如男子一样的知天下事，而她，是属于那种"不一定"里的少见的女人。有这样一个故事，从而佐证她从政的才华。

这故事发生在永初年间。

讲这段故事之前须得明确这段历史的原因，班超早亡后，汉和帝也驾崩了，留下一个只有一百多天的遗孤就位，为汉殇帝，所以由邓太后听政。殇帝半年后夭折，以清河王刘祜继位为汉安帝，邓太后依旧听政。邓太后是女子，外戚专政。班昭成为邓太后身边的参谋，这样一个有谋略的女子在邓太后的身边无疑是如虎添翼，她成为邓太后强有力的辅佐，她事朝政，为她答她不能确定的事情。邓骘辅佐军国，因为母亲过世，上书乞归，班昭说："大将军功成身退，此正其时；不然边祸再起，若稍有差迟，累世英名，岂不尽付流水？"她的思维是那样的缜密严谨，如当今雷厉风行的大女人一样，让人心生距离。邓太后也对她很好，后来班昭离世，邓太后皇太后为她素服举哀。

有两个成语，一个是"不入虎穴，焉得虎子"，一个是"投笔从戎"，都是班超的口语演化而来的。她们班氏一门真是多豪杰，班超曾经出使西域，被封为定远侯，他曾经上书汉和帝，表达自己一份深深的落叶归根的念想，这奏章送出去后三年没有音信，班昭感念她七十岁的哥哥旅居在外深深的想念，用她丝丝入扣文笔，和大胆的勇气，上书给汉和帝，让汉和帝为之动容。她明讽暗示，深深抓住至情的皇帝的愧对老臣的心，她写得合情合理，也流露着大大的不满，引用了大量的史料，加上自己的心血，换回哥哥和她一个月的团聚。只有一个月啊，这个垂垂的老人，在看到故土古人以后，带着眷恋离开人世，再无遗憾。她的文章是这样写的：

妾同产兄西域都护、定远侯超，幸得以微功得蒙重赏，爵列通侯，任二千石，天恩殊绝，诚非小臣所当被蒙。超之始出，志捐躯命，冀立微功，以自陈效。会陈睦之变，道路隔绝，超以一身，转侧绝域，晓譬诸国，固其兵众，每有攻战，辄为先登。身被金夷，不避死亡，赖蒙陛下神灵，且得延命沙漠；至今积三十年，骨肉生离，不复相识；所与相随时人士众，皆已物故；超年最长，今且七十，衰老被病，头发无黑，两手不仁，耳目不聪明，扶杖乃能行，虽欲竭其全力，以报答天恩，迫于岁暮，犬马齿索，为之奈何？

蛮夷之性，悍逆侮老，而超旦暮入地，久不见代，恐开奸宄之源，生逆乱之心。而卿大夫咸怀一切莫肯远虑，如有卒暴，超之气力，不能从心，便为上损国家累世之功，下弃忠臣竭身之用，诚可痛也！故超万里归诚，自陈苦急，延颈逾望，三年于今，未蒙省录。

妾窃闻古者十五受兵，六十还之，亦有休息不任职也。缘陛下以至孝理天下，得万国之欢心，不遗小国之臣，况超得备候伯之位，故敢触死为超求哀，乞超余年，一得生还；复见阙庭，使国家永无劳远之虑，西域无仓猝之忧，超得长蒙文王葬骨之恩，子方哀老之急。

我们不要论政事，只说她，和她为数不多的作品。这作品叫《东征赋》。

看过这篇赋文，我只想赞一句真好。倘若你是看过这篇赋文的，觉得我言过其实，那么请和我一起把它与其他赋做对比。对比男儿大赋，如司马相如、宋玉，这赋少了华辞韵章，艳藻宏声，多了一份女人娓娓道来的亲切。而与女子对比，如蔡琰、乌孙公主，淡了忧伤华美、相思愁怨的格调，多了一份深沉、典雅以及凝重。她不与男子之流相齐，又不落女子之思狭隘，怨不得何沛雄说她"韬笔排宕，名理曾出，巾帼不让须眉，可垂不朽矣"。

这赋是她随儿子赴任路上所写的，自言是仿了其父班彪的《北征赋》。全文一气呵成，行云流水，把去京之悲，跋涉之苦，怀人之思，体查之情，以及淋漓尽致地展现了个人对儿子的谆谆教诲，加之，她阅尽史书，用起典故信手拈来，文章自然清丽，自成一体。

惟永初之有七兮，余随子乎东征。时孟春之吉日兮，撰良辰而将行。乃举趾而升舆兮，夕予宿乎偃师。遂去故而就新兮，志怆悢而怀悲！

明发曙而不寐兮，心迟迟而有违。酌鞯酒以弛念兮，喟抑情而自非。谅不登樔而桎蠡兮，得不陈力而相追。且从众而就列兮，听天命之所归。遵通衢之大道兮，求捷径欲从谁？乃遂往而徂逝兮，聊游目而遨魂！

历七邑而观览兮，遭巩县之多艰。望河洛之交流兮，看成皋之旋门。既免脱于峻崄兮，历荥阳而过卷。食原武之息足，宿阳武之桑间。涉封丘而践路兮，慕京师而窃叹！小人性之怀土兮，自书传而有焉。

遂进道而少前兮，得平丘之北边。入匡郭而追远兮，念夫子之厄勤。彼衰乱之无道兮，乃困畏乎圣人。怅容与而久驻兮，忘日夕而将昏。到长垣之境界，察农野之居民。睹蒲城之丘墟兮，生荆棘之榛榛。惕觉寤而顾问兮，想子路之威神。卫人嘉其勇义兮，讫于今而称云。蘧氏在城之东南兮，民亦尚其丘坟。唯令德为不朽兮，身既没而名存。

惟经典之所美兮，贵道德与仁贤。吴札称多君子兮，其言信而有征。后衰微而遭患兮，遂陵迟而不兴。知性命之在天，由力行而近仁。勉仰高而蹈景兮，尽忠恕而与人。好正直而不回兮，精诚通于明神。庶灵祇之鉴照兮，佑贞良而辅信。

乱曰：君子之思，必成文兮。盍各言志，慕古人兮。先君行止，则有作兮。虽其不敏，敢不法兮。贵贱贫富，不可求兮。正身履道，以俟时兮。修短之运，

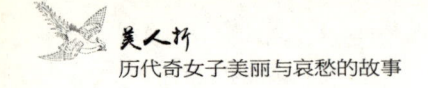

愚智同兮。靖恭委命，唯吉凶兮。敬慎无怠，思嗛约兮。清静少欲，师公绰兮。

我想，她不断流露出对儿子君子之道的要求，为官之德，为事之道的准则，都是她身为未亡人，既为人父，又为人母的一片苦心啊。谈及此，又不能不说女子绕不开的话题。

关于她的爱情、婚姻，就像幻影一样，无从了解。史料上只说，她嫁了曹叔世，夫妻友和。其实，她夫妻和睦不用提，《女戒》摆在那里，她那般自我要求，如何能不和。

我总觉得，她值得所有女子羡慕，生于平安世道，没有契阔与流离。书香门第，没有家道中落。嫁与良人，未尝始乱终弃。续书理政，没有埋没闺阁。

她真像个大女人，几乎是所有女子梦想成为的模样，但是她又作《女戒》，十足日本小女人的模样。

两种角色，她都恰如本分，妥帖得当。

这未尝不是一种本事。

心下有些遗憾，她的人生留白太多，所能见的，只是茶淡星稀的片面。

也不知，她是否有"难为言"的女子凄凉。

但总而言之，她值得，为榜样。

李季兰

她如清风朗月，超凡灵秀。她是俏丽的蔷薇，美丽、叛逆、又孤独。她的一生，出奇的斑斓，隽永。

盛世风光。

大唐啊，士风浮薄。

李季兰在盛唐，如清风朗月，超凡灵秀。她是俏丽的蔷薇，美丽、叛逆、又孤独。

她的才华给予了她一切风光的外在，她的名声甚至入了玄宗的耳朵。

一直以来，自己对于女道士有种难言的喜爱，也许是因为鱼玄机的炽热如火，又或许是因为妙玉的孤冷如冰。

而李季兰，她既非前者热情，又没有后者冷漠。

她秀美，她清纯若水，她带着深浅不一的向往，在苍茫的世上，虔诚地向阳微笑着。

她聪慧，在将那些让她含辛茹苦的爱情当作领悟之后，她的一生，出奇地斑斓，隽永。

我想自己对李季兰的感情，大概是如同对晨露的喜悦——新生的晶莹，但抹上了一层淡淡的殇逝。

唐朝素有修道的风气，这源于他们的李姓，为了说明他们的顺应天时，替天行道，道家的李耳就成为李氏的祖先，道便成为国教。国之人民趋之若鹜，后妃名流争做道士，比如那个义山思念一生的女子所侍奉的玉真公主。而义山的爱情，在道观中升起，也在这里埋没。

一切都是冥冥有东西牵引的吧，这个六岁吟"经时未架却，心绪乱纵横"，被父亲说"此女富于文采，然必为失行妇人"，因此被送去玉真观了却尘缘。

是父亲多恼了，他的决定造就了李季兰不同寻常的童年生活。她仅仅是一个少不更事的女童，与春心萌动、心绪纵横的思春情怀根本没有联系，只是关于古人对未来的迷茫让他们相信天命，相信要去顺应时代。

李季兰也是在那缭绕的檀香中，一身缁衣，不理世事。在漫卷的经书文字中，她念诗书，通翰墨，从齐梁旧韵到南北民歌，唱得清澈动人。她抚琴作画，甚至翩翩起舞。

少年啊，只要心无旁骛，用了心，不知道能干成多少事情。

她少年时曾写过《感兴》，写得极好：

朝云暮雨镇相随，去燕来人有返期。
玉枕只知长下泪，银灯空照不眠时。
仰看明月翻含意，俯眄流波欲寄词。
却忆初闻凤楼曲，教人寂寞复相思。

恰如李季兰这样，爱那素静平淡的语言。她的诗是淡淡的，深深韵味藏在平实的语言中，如同林清玄的文字，让人有无数遐想，如同清泉流经心田。

四章 无关风月，只为真心

我喜欢花，总是觉得一种花代表了一个女子的爱情。季兰就像幼年时候颂的蔷薇，她是墙靡，坚韧而强健，是白残花，纯洁而不可再生。

有一种美丽而才情出众的女子，招摇在属于她们的时代。唐朝是由繁华至衰薄的年代，注定有她在演绎。任何的年代，都没有这般风华绝代。

她不是风尘女子，不以美色惊动长安的天下，她完全以自身才华、美丽高洁的品性赢得了无数交心的文人。她进入他们的心，解开他们的襟结。

可最让人感动的是她炙热的爱过后，华美的转身，让人惊艳。我们看不到哭泣，看不到报复，看不到萎靡不振，看到的是相思深处她卓然挺拔的身躯，是那样潇洒爽快。

十六岁，是一个如花的年龄。身在这段日子中，总是不甘心让这美好的年纪匆匆而过，觉得应该留下来一些值得回忆的东西，我想遇见什么，却什么也没有遇见，岁月匆匆过，在一个转角，遇见一个美丽的故事——她的故事。

用她的十六岁，填补我空白的十六岁的故事吧。

这个年纪的女子是浪漫而多情的，道家的伦理再深也深不入女子的心，反而是一些遗传因子作祟，仿若通灵似的东西爬上心头。修习许久的才情开花结果，生出了爱情的果实。

是朱放吧，这个隐逸在山上的隐士，他的名字，因为他生命中如流水的女子让我铭记。

他们的相遇本身如水，可是有一些人非要将这份知遇根植入水，这份苦心经营已久的情愫老天安排了相遇却没有让其享用，即使扎根又如何，也似浮萍一样漂流而走。

那个在船上邂逅的下午，愉悦了一个少女十六年的等待，燃烧了她心里似火的爱慕，她是向往爱情的。

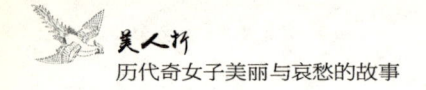

在此之前,她感叹春光易失,花容尽散,渺渺无期的爱情未曾到来,可彼时朱放送她临别诗,盼望下一次的缘见:

古岸新花开一枝,岸傍花下有分离;
莫将罗袖拂花落,便是行人肠断时。

原本就被爱情冲昏了头脑的女子,一时间被爱情所左右。江水轻波,抚琴而歌,动情身处,江边月下,松林山间,都有他们的身影。

女儿情深,男儿亦不少。可是,这份爱情在她生命中停留的时间并不长久,从她日后的旅途来看,这只是很小的一次波澜。

波澜不惊春水。

朱放后来去外地做官,百无聊赖的女子突然缺失了一份爱情。

古岸新花开一枝,岸傍花下有分离。
莫将罗袖拂花落,便是行人断肠时。
——朱放《别李季兰》

望水试登山,山高湖又阔。相思无晓月,相望经年月。
郁郁山木荣,绵绵野花发。别后无限情,相逢一时说。
——李季兰《寄朱放》

他们彼此写诗赠答,小心呵护彼此的信笺。可良人不归,相思无望。

失意和落寞总会让我想到她的《相思怨》。虽然我不知道这是不是写给朱放的,但那婉约音韵细腻的柔情让我喜欢。她的平实是有如石孝友的词一样,却不如他那样的俚俗。

人道海水深，不抵相思半；
海水尚有涯，相思渺无畔。
携琴上高楼，楼虚月华满；
弹着相思曲，弦肠一时断。

初念及的感觉让我难忘，那是如樱花飘落在肩头，拂落、攥在手中，追念远方爱人的感觉。诗是淡的，如同夜间的月光，楼上有纵情高歌的女子吟唱孤单。

相思，那曾经触手可及的幸福。

相思渺无畔。这话说得多好，这般幽怨而惆怅。

她的相思寄在诗中，断在时间中。

唐时的女子，鱼玄机是大胆而游戏的、薛涛是明艳而寂寞的，到了季兰，她是多变的，我无法捕捉她的细节，给她一生做定论。她仿佛永远亮丽，任是谁走近，都会黯然。

朱放与李冶，他们本身就是匆匆开始的故事，也就匆匆地结束。年轻的故事，日后想起一笑，淡忘在彼此的心里，不火热也不痴狂。

我一直在想，是不是爱情与这个李道姑这一世毫无缘分，上天让她做一辈子孤单的女人？又或许，她从来不会孤单呢？！

有一些女人，似乎她们的人生中真的有无爱情无关紧要。比如那个踩着几个皇帝一步一步登向成功的顶端的武媚娘，权力对于她而言就是最好的情人。

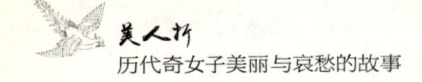

而季兰的一生,从朱放后似乎就与爱情绝缘。

我喜欢看印着青花的白瓷,总觉得它们依附白净的瓷器,在努力地攀爬。就像蔷薇,就像她。

说不出为什么,对于李季兰,我有特殊的偏爱,上天给了她一段戛然而止没有后文的爱情。但上天是公平的,同时也给了她许多可以称作是知己的朋友,安慰她余下的生活。这些个可以忘记她女子身份的人,和她谈诗、谈人、谈风月。

比如刘长卿和陆羽。

刘长卿素有阴重之疾,也就是疝气,这种病经常要用布兜托起肾囊,才可以减轻人的痛苦。季兰便用了陶渊明的"山气日夕佳"来笑刘的病,刘当即也回以陶诗"众鸟欣有托"来和。

虽然说得隐露含蓄,但也让人高呼大胆。

我们佩服李道姑这个站在世俗之外的女人,可以和这些逍遥自在的男人平起平坐。忘却了礼教礼数,我想就是在现在的社会,也很少有女性敢同男人开这种玩笑。

李道姑是豪爽,但更加欣然的是有一群可以和她豪爽对答的男人。

许多人将她与陆羽的感情界定于暧昧不清中,我想不尽然。

想到陆羽,首先想到的是林清玄先生。林先生是爱茶的人,也是懂得生活的人,念林先生的书,超脱了世俗的气韵。

关于陆羽,我想多数人都知道他"茶圣"的名号,著有《茶经》卷于世。许是爸爸爱茶的缘故,所以我对喜茶的男子有很多的好感。

陆羽,如羽,随风而飘,无根也无归宿。他的名字似乎就是他的出身,他是一个可怜的孩子，被姓陆的和尚拾回，养在身边。

林清玄先生好佛理，曾经追随着上百位禅师体味人生百境。曾经看林先生书中这样写："一日，攀天新峰，过永乐禅寺，见老法师在廊下分茶，问道师傅为何分茶，老法师云：分出青叶与黄叶，黄叶自己饮用，青叶供养众生。大受感动，愿将生命中青叶供养众生，苦涩的黄叶自烹自饮。"这便是茶与佛的渊源。我爱慕林先生，爱他的文字和他的体悟。也爱陆羽，爱他的雅致和他的博学。

他是她生命中重要的男子，已经超脱男女之情的重要男子。他们烹雪煮茶，论诗文、谈人生。

大唐真是可爱，有这样可以惺惺相惜的君子之交。她是坚韧的蔷薇，可亦需有墙面的扶持，这个友人，从遇见他开始，他的肩膀就成了她的依托和墙面。

她可以自由地伸展枝蔓，茂密而繁盛，全赖有他。

季兰曾经写过一首《湖上卧病喜陆羽至》云：

昔去繁霜月，今来苦雾时；
相逢仍卧病，欲语泪先垂。
强劝陶家酒，还吟谢客诗；
偶然成一醉，此外更何之？

这首诗丝毫没有什么可以把玩的地方，只是陆羽悄然而至的关怀与照料，让人欣慰。

女子是柔软的，永恒的柔软，即使表面有多么的刚强，内心也如空谷幽兰似的需要人陪。

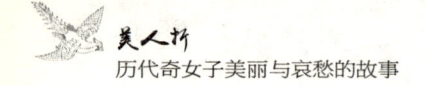

无人欣赏，开时寂寞，落时也寂寞才最可悲。

她遇上了皎然，皎然六根清净，抛却俗尘，身上有一种非常的禅气。或许，她那段短暂的感觉不是爱情，而是渴望羡慕，她羡慕皎然的不染尘埃、心如止水罢了。

皎然，这个与季兰、陆羽有缘的僧人，曾写过一首《答李季兰》：

天女来相试，将花欲染衣；
禅心竟不起，还捧旧花归。

这个为谢灵运十世孙的皎然，骨子里似乎还有着谢灵运旷世的才气。对于季兰偶然的动情，他拒绝得很美丽。

季兰感叹"禅心已如沾呢絮，不随东风任意飞"。

君既无心我便休。

或许就真的动了这么一下心，一瞬间，想爱了，但那种感觉在心底还没有根植就被他拔出，所以还是朋友，还叫知己。

她始终是那么潇洒，生动盎然，声名动波全国，连玄宗也要见一见这个女子。

只是，繁华呢？大唐盛世载歌载舞的繁华呢，胡旋舞旋入京师，让一切化为灰烬——包括瞩目的辉煌。

曾经在不知名的山峰间驻足向下望，除却郁郁葱葱的林木以及飞流直下的急水，找不到他物影子。世间广阔，人无所遁形，而那些遮掩繁华的幕布，即使悄然再拉起，灯光暗掉了，演员谢了幕，谁寻得到曾经的风景。

大唐盛世的演员换了。

不在了，不在了，物尽天华却物是人非。

曾经的皇帝换了，甲天下之色的杨妃不在了。连季兰那傲世的身影，也从大唐抹去。整个世界，是一片的死寂。

我看不到，那赤色的霞锦挥舞。我们猜想，她也许是倦怠了，可是这个注定活在别人目光中的女子更大的可能是不在了。她可能离开了她眷恋的红尘，带着她未尽的遗憾。而那遗憾，似乎只有她自己知道了。

季兰有一首《八至》是自己爱的：

至近至远东西，至深至浅清溪。
至高至明日月，至亲至疏夫妻。

写得多好，至亲至疏夫妻。或许在她的意识中，依旧是一个渴望情爱的女子，只是上天没有给她缘分，或者说没有给她恰当的时机，深沉的《八至》不是年轻的姑娘所能吟出的，那是无数的沧桑、无数我们无法读到的故事所累加而慢慢形成的。

这《八至》，诉说着她，至深至尽的心愿。

春风盈口。有爱来袭。

叶小鸾

她是生而为文的才女,美又慧的红颜。光景绵长,她的故事,没有开始,惜已结束。

许多人将她列入黛玉原型的候选人,无疑,因着她的韵致才华和香魂早逝的命运。

我为她的早早离开而惋惜,如果她在世多几年,那么世间,又会多一位举世皆仰的女诗人。

人都是抱着永少年的想法,可诗人偏巧是多老成的,经历的故事多,写的东西味道愈足。——当然,天才除外,天才出名要趁早,就像张爱玲那样。

她红尘初装,未曾渲染就已经离开,将世人的目光由惊艳转向可惜。从她的少时绽放到少年早逝,不知道让多少人在岁月中长长地叹息。

包括你,也包括我。

我只是有一些可惜这年轻的生命,和这美丽的文采,我相信命运有自己的安排,所以不想叹,只是惜。

叶小鸾活了十七载岁月,却较常人更加细腻宛致,我们可以写的只是她出名的才华。情爱什么都不要涉及,胡乱的猜想怕会叨扰她美丽的芳魂。

叶小鸾真正称得上是大家闺秀，父亲叶绍袁和母亲沈宜修都是文学家。

沈氏一门人才济济，沈宜修长在风雅之家，琴棋书画、诗词曲赋自是耳濡目染。沈自征的《鹂吹集序》云：沈宜修"夙具至性，四五龄即过目成诵，（八岁）即能秉壶政，以礼肃下，闺门穆然"。不仅如此，她从小知书达理，温和善言，水乡女子的温婉模样俱有，得父母无尽宠爱。"不肖弟幼顽劣，争枣栗，辄鸟兽触姊，姊弗恚，以好言解之"，"先大人相顾，诧为不凡"。

沈宜修具备了名门淑女的一切美好品质。父亲去后，她一首"哭兮不复闻，回肠空自裂"的悼词写得人泪满襟，足见其与父母的感情深厚。到了适嫁年龄，她嫁与"仲韶少而韶令，有卫洗马、潘散骑之目"的叶绍袁为妻，二人琴瑟相合，举案齐眉，相爱了一生。他叶氏名门，她恪守妇道，"矜严事之，每下气吞声柔声犹恐逆姑心。迨夫儿女林立，姑少有不怿，姊长跪请罪，如此终身。"他每每文学上有所请教求助，她"从牛衣中互相勉励"，即为指正，一手小楷写得极有卫夫人之风。有一段时间他落魄潦倒，沈宜修"即脱簪珥，鬻数十金与之"，不图回报。又有一身的好脾气，温婉得像话，德行旷达，温柔娴静"待人慈恕，持已平易，下御婢仆，必为霁容善语，即有纰缪，悉洞原其情之所在，故无撄和之怒，亦无非理之谴"。又不曾抛弃诗词文赋，常常温书，作诗怡情。这样的女子太难得了，百年难得一个。

叶绍袁当真修了几世好福气，用清朝文学家张潮曾的话来说："值太平世，生湖山郡；官长廉静，家道优裕；娶妇贤淑，生子聪慧。人生如此，可云全福。"

钱谦益的《列朝诗集小传》中也说他们的生活幸福："宛君十六于归，琼枝玉树，交相映带，吴中人艳称之。"

沈宜修的词，清丽典雅，气韵不凡，灵动艳丽，别具一格。清丽婉约有如李清照，幽怨凄切有如朱淑真。最喜欢她一首《仲韶往苕上，别时风雨凄人，

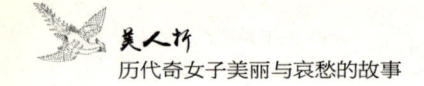

天将暝矣。自归，寄绝句五首，依韵次答，当时临歧之泪耳》：

离亭树色映长征，渺渺烟波送去程。
断肠只凭千里梦，乱山遮隔更无情。
莲壶催漏自销魂，画枕银屏夜色昏。
萧索半春愁里过，一天风雨尽啼痕。

还有一首赠答诗歌《蝶恋花·和张倩倩思君庸作》，写得亲切有味，极富深情：

竹影萧森凄曲院。
那管愁人，吹破西风面。
一日柔肠千刻断。
残灯结泪空成片。细语伤情过夜半。
阵阵南飞，都是无书雁。
薄幸难凭归计远。梨花雨对罗巾伴。

这诗是赠给自己的表妹，也是自己弟媳张倩倩的，她与表妹关系极好，张倩倩生活不如意，她常去诗宽慰。也因此，叶小鸾出生时候，沈宜修念及表妹张倩倩子女俱亡，把叶小鸾送与张倩倩抚养。

叶小鸾十岁时候张倩倩去世，才回到叶家。

叶小鸾写过《己巳春哭沈六舅母墓所》表达她的哀伤。诗是这样写的：

十载恩难报，重泉哭不闻。

年年春草色，肠断一孤坟。

《季女琼章传》里说："儿体质姣长，十二岁发已覆额，娟好如玉人。"她美若仙子，长大后更甚。"儿鬒发素额，修眉玉颊，丹唇皓齿，端鼻媚靥，明眸善睐，秀色可餐，无妖艳之态，无脂粉之气。比梅花，觉梅花太瘦；比海棠，觉海棠少清。故名为丰丽，实是逸韵风生。若谓有韵致人，不免轻佻，则又端严庄靓。总之王夫人林下之风，顾家妇闺房之秀，兼有之耳。"

我总觉得这是有如"情人眼里出西施"式的母爱，母亲总觉得自己的孩子最美最帅，当翻遍史料，看到有人赞她"翠羽朝霞，同于图画；轻云回雪，有似神人"，发现沈宜修并没有夸大其词，她的确有一种清水芙蓉的青春之美，清丽散淡，加上诗书礼气，冉冉婷婷，笑笑生芳。

你当她是绝世美人，未免太轻看她。她还是生而为文的才女，美又慧的红颜。

陈延焯对叶小鸾是万分的喜爱，在他的《白雨斋词话》卷二中写道："叶小鸾词笔哀艳，不减朱淑真。求诸明代作者，尤不易见也。"卷五中说："闺秀工为词者，前有李易安，后则徐湘萍，明末叶小鸾较胜于朱淑真，可谓李、徐之亚。"陈维崧评价为"如玉山之映人，诗词绝有思致"，胡文楷说是"骄丽之文，涉笔便工"，这些话将叶小鸾抬至李易安徐湘萍之后，足见其功底。我不敢说叶小鸾的词句是明清之绝笔，但也是明清一佳。

不想将她跃升到高不可攀的位置，但她的确有天生的才气。

书中说她："四岁，能诵《离骚》。不数遍，即能了了。又令识字，他日故以谬戏之，儿云：'非也，母误耶？'"瞠目结舌，不光能背诵，母亲故意说错了几个字，她也指正出来。天生的灵气啊。想来惭愧，四岁的我不知道还在干什么呢。

她才思敏捷如谢道韫，有这样的故事："十岁归家，时初寒，清灯夜坐，槛外风竹潇潇，帘前月明如昼。余因语云：'桂寒清露湿。'儿即应云：'枫冷乱红凋。'"

对仗之工整，构思之精巧，一个十岁的姑娘，当真奇才。

揽镜晓风清，双蛾岂画成。
簪花初欲罢，柳外正莺声。

叶绍袁说她作此诗："时年十二岁，初学遂有此等句，真是凤慧，岂在垂拱四杰之下？"当真是早慧。不得不承认，这世上，有人是生而为文的。

沈宜修在《季女琼章传》中说她："说性高旷，厌繁华，爱烟霞，通禅理。自恃颖姿，尝言欲博尽今古，为父所钟爱。然于姊妹中，略无恃爱之色。或有所与，必与两姊共之。然贫士所与，不过纸笔书香而已。衣服不喜新，即今年春夏来，余制罗衫裙几件，为更其旧者，竟不见着。至死时检之，犹未开折也。其性俭如此。因结褵将近，家贫无所措办，父为百计营贷。儿意甚不乐，谓荆钗裙布，贫士之常，父何自苦为。然又非纤啬，视金钱若浼，淡然无求，而济楚清雅，所最喜矣。"或有言说："其爱清幽恬寂，有过人者。又最不喜拘检，能饮酒，善言笑，潇洒多致，高情旷达，夷然不屑也。"

《季女琼章传》看得我难受，一个母亲在女儿离开的日子里，一次次地剥落心中最柔软的部分，回忆与其相处的朝朝暮暮，将这些记录下来，我不知道，在这些记录的日子里，美好如沈宜修，是用了多少泪珠做了墨汁。

小鸾走得干干净净彻彻底底，她的生命定格在十七岁，我们看不见她的苍老。十七岁，十七岁啊，小鸾的故事就戛然而止。

她是早亡，亦经历过最亲爱的人的伤痛。

沈宜修回头去望过去的日子，都是叶小鸾的影子，两个灵魂从此背道而驰，即使是母女也只能在过去遇见。在光阴的旅途中，浪费了过去每一次每一秒不去珍惜的日子，回忆起来却最珍贵。

勿用说，那种回忆起来的凄凉在成长中自会愈感清明。我很难想象如果有一天，我的耳边再没有父母叮咛的话语，即使相隔不远，即使我们彼此在电话中谈天，在视频中微笑，我会不会还是感觉怅然若失？在点滴的琐事上，我早已经习惯了他们温暖的扶持。

我不敢去想象离开他们身边的日子，没有小时候在他们怀抱的感觉是否就是天涯咫尺？我多么想好好珍惜和他们在一起的日子，珍惜和他们斗嘴，和他们赌气，却在他们的笑意里睡去的岁月。

你也要珍惜啊。

她的词，我真的是喜欢。她不喜欢艳语，即使稍微有艳句，也是咏物之兴，给人的感觉是如同小山和少游的清丽。曾经她写过《咏画屏上美人十首》，念罢会让人想起的就是黛玉的《五美吟》。她有《鹧鸪天·壬申春夜梦中作五首》，就有不向风尘染半点颜色的感觉，很淡薄的美丽。

其一

一卷楞严一炷香。蒲团为伴世相忘。三山碧水魂非远，半枕清风梦引长。依曲径，傍回廊，竹篱茅舍尽风光。空怜燕子归来去，何事营巢日日忙。

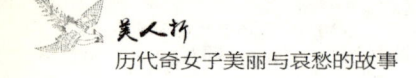

其二

春雨山中翠色来，萝门　向夕阳开。朝来携伴寻芝去，到晚提壶沽酒回。身倚石，手持杯，醉时何惜玉山颓。今朝未识明朝事，不醉空教日月催。

其三

野径春来草放齐，碧云天晓乱莺啼。紫笙吹彻缑山上，清磬敲残鹫岭西。红馥馥，绿萋萋，桃花杨柳共山蹊。遥看一抹烟云处，带雨春帆近日低。

其四

雨后青山色更佳，飞流瀑布欲侵阶。无边药草谁人识，有意山花待我开。闲登眺，莫安排，啸吟歌咏自忘怀。飘飘似欲乘风去，去住瑶池白玉苔。

其五

西去曾游王母池，琼苏酒泛九霞卮。满天星斗如堪摘，遍体云烟似作衣。骑白鹿，驾青螭，群仙齐和步虚词。临行更有双成赠，赠我金茎五色芝。

我喜欢她一句"今朝未识明朝事，不醉空教日月催"的感觉。

这女子给人的惊艳永远是超过了她的年岁的美丽，让人感动。

或许上天是因为她的命数太短，给她太多太多恩赐，将她来生的才华都赋予了她，短短的连十七年都不到的岁月，让她将这一生的芬芳都开尽。

她是高产的诗人，也许是因为她的才华和年龄让后人倍觉珍贵，所以被存留得多。

这两首写景诗，写在她十三四岁的时候：

《浪淘沙·春景》：
杨柳弄柔黄，缕缕纤长。
海棠风醉艳红妆。
折取一枝归绣户，细玩春光。
春日对春妆，莺燕笙簧。
横塘三月水流香。
贴水荷钱波动处，两两鸳鸯。

《游西湖》：
堤边飞絮起，一望暮山青。
画楫笙歌去，悠然水色泠。

十七岁时，叶小鸾不起而卒。

还有这样的故事，作为闲谈：
叶小鸾去后，父母难以接受，盼其回生，七日后她的身体都没有硬化，一如沉睡。人人道她得道。我想，只是人们无法接受这样完美的女子突然离世罢了。

她去后，"大姐姐叶纨纨哭妹过度，不过两月便也随妹而去。二姐叶小纨伤痛之余作《鸳鸯梦》杂剧以寄意。在悲痛中，将姊妹三人写入戏中，情真感人。"而母亲沈宜修，受到女儿接二连三离去的打击，终无法抵抗悲伤的来袭，也撒手人寰。

叶绍袁几年间痛失亲人，思念备至，请了高僧，试图与阴灵沟通。

他们对答成句，似乎真有其事似的。那对白也有记载：

师（即泐大师）云：既愿皈依，必须受戒。凡授戒者，必先审戒。我当一一审汝，汝仙子曾犯杀否？

女（小鸾）对云：曾犯。

师问：如何？

女云：曾呼小玉除花虱，也遣轻纨坏蝶衣。

曾犯盗否？

女云：曾犯。不知新绿谁家树，怪底清箫何处声。

曾犯淫否？

女云：曾犯。晚镜偷窥眉曲曲，春裙亲绣鸟双双。

师又审四口恶业，问：曾妄言否？

女云：曾犯。自谓前生欢喜地，诡云今坐辩才天。

曾绮语否？

女云：曾犯。团香制就夫人字，镂雪装成幼妇辞。

曾两舌否？

女云：曾犯。对月意添愁喜句，拈花评出短长谣。

曾恶口否？

女云：曾犯。生怕帘开讥燕子，为怜花谢骂东风。

师又审意三恶业：曾犯贪否？

女云：曾犯。经营缃帙成千轴，辛苦鸾花满一庭。

曾犯嗔否？

女云：曾犯。怪他道蕴敲枯砚，薄彼崔徽扑玉钗。

四章 无关风月，只为真心

曾犯痴否？

女云：曾犯。勉弃珠环收汉玉，戏捐粉盒葬花魂。

师大赞云：此六朝以下，温、李诸公血竭髯枯、矜诧累日者。子于受戒一刻随口而答，那得不哭杀阿翁也！

人们到底无法释怀，这样美好的女子如何留不住，在人间。

女人美又慧，终坎坷啊。

遥远的月光，我看见她的闪耀。

光景绵长，她的故事，没有开始，惜已结束。

[五章]

情不启至深，恐大梦一场

苏小小

她是眉清目秀的女子,她守着相思,就那样默然相爱,默然别离。默然,始终是默然。

我一直以为,她是隋唐的女子。原来,就像张爱玲对法兰西和英格兰颠倒了印象一般,记忆打了叉子,惹出了笑话。

那天,惊奇地知道她墓前"慕才亭"的楹联是"千载芳名留古迹,六朝韵事著西泠",这才知道我错了。

西泠,这个名字在明清相交之际是多么繁华,这里曾有过十二个女子,在湖上嬉戏作诗,我记得她们的"前五子"是徐灿、柴静仪、钱凤纶、顾玉蕊、林以宁,"后七子"是钱凤纶、钱凤婉、顾长任、柴静仪、冯又令、李淑、林以宁。在那个风雨飘摇的时代,她们出落得那般风华绝代,她们做了俗世女子难得去做的事情,起诗社,如红楼中那些个冰清玉洁的女子,只可惜,她们和这些女子一样落得"千红一哭,万艳同悲"的结局。

知道这些个西泠女子是源于土默热先生的红学,她们是他考证的"金陵十二钗"。

幽兰露,如啼眼。无物结同心,烟花不堪剪。草如茵,松如盖。风为裳,水为佩。油壁车，久相待。冷翠烛，劳光彩。西陵下，风吹雨。

红颜自古多薄命，生在了西泠桥畔，这一生似乎就掺杂了江南的水气，氤氲横生。江南自古是多才女的。

苏小小是南齐的美人。

关于她的身世史上是有争议的，有人说她根本是后世的文人雅客杜撰的人物。确实，历史的记载中的确没有她的身影，她的故事，因着迁客骚人的歌咏而出名，比如李贺那首《苏小小》。可是我还是想写她，因为我喜欢这个女子，偏执地喜欢。我想，你也会喜欢她的故事。

首先，请让我告诉您她悲剧的人生结局，扼腕叹息要趁早，含着悲情念她的故事，更契境。

二十四岁，她咳血而死，因着她和阮郁的纠葛，还有她带走的爱情。

所有的关于她的记忆，都是故事中的——

她是"眉清目秀"的女子。

故事中只有这样四个字来形容她。

女子的美，不是外在的表现，而是自身的气场。纵使生得风华绝代，少了一股韵味，便会让人觉得索然无味。

苏小小的美就是从小就开始修炼的，其实我都不知道于她而言这个"从小"二字如何说起，她的生命被定格在二十岁的青春，那我该如何界定她的从小，又如何界定她的一生？

她是用书香修持装点自己的，她爱念书，没有经过老师的指点却知书达理，

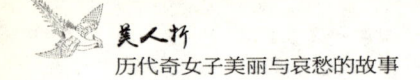

仿佛天生的灵气，谈吐翩翩。有了深埋在心底的文化内蕴，那美丽由内而外新生，这样的女子自然有自己的风格，浑然天成，不与世事同流。

据传苏小小的房子优雅别致，迎湖开一圆窗，题名"镜阁"，两旁的对联为："闭阁藏新月，开窗放野云。"

钱塘自古繁华。

她爱山水，自然爱极江南的秀美，所以常常游荡在山湄水涯间。

她乘的是她的油壁香车，这车因着她而传开，如涟漪放开，无法收住随之而起。

自古世人多爱美，美人穿梭在人海中，自然有人会追逐。且她是怀春的年纪，所以或多或少会有难以诉说的寂寞，可若寄情于诗词，沉醉其中，便可以旁若无人，自得其乐。

那日她遇见了阮郁，彼此心生喜欢。

她兴起作诗：

妾乘油壁车，郎骑青骢马；
何处结同心？西泠松柏下。

《大明宫词》皮影戏《采桑女》里面有一段绝美的台词，我想此刻可以用来写他们，他们的遇见。稍加改动，比谁来说的文字都美：

野花迎风飘摆，好像是在倾诉衷肠；绿草凑凑抖动，如无尽的缠绵依恋；初绿的柳枝轻拂悠悠碧水，搅乱了苦心柔情荡漾。

对面来的是谁家女子，生得满面春光，美丽非凡！

这位姑娘，请你停下美丽的脚步，你可知自己犯下什么样的错误？你的错误就是美若天仙,你婀娜的身姿让我的手不听使唤,你蓬松的头发涨满了我的眼帘,看不见道路山川,只是漆黑一片;你明艳的面颊让我胯下的这头畜生倾倒,竟忘记了他的主人是多么威严。

看这满目春光,看这比春光还要柔媚千倍的姑娘……

看野花缠绕,看野蝶双双追逐,只为了凌虚中那点点转瞬依恋,春光一过,它似就陷入那命定中永远的黑暗。人生怎能逃出同样的宿命。

看鲜花缠绵,我比它们还要柔弱;看野蝶迎风飞舞,我比它们还要纷忙迷乱。看在上天的分上,别再开启你那饱满生动的双唇,哪怕再有一丝你那呼吸间的微风,我也要跌入你的深渊……

她是过了十七载无风雨无春日的日子,这感动的遇见,像火花一样,迸发了爱情,为她的闺怨画上一个圆满的记号。

那年那年。

那天那天。

那次那次。

初逢,对视,爱慕,携手,同心。一切顺理成章。

于是曾经寂寂的身影成为后来的比翼双飞。

她的微笑,他的眼波,她的温柔和他的关怀。

只是,任何时候,事情总是太顺了不好,任何人,太好了也不好。当幸福来得太近的时候,总会有一朝的冷雨将人贯彻地彻底冰冷,一切的那时、那次、那些都成为过去完成时。

只是让人唯一还欣慰的是他是爱她的——不管是有多深多浅。

我这样说,不是没道理。

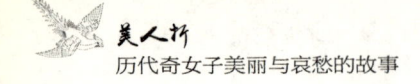

所谓做不到，那只是爱得不够的缘故。

他的父亲成为二人之间的阻隔，而并非是他的变心。即使他爱她不够坚定，无法为她做出放弃一切的姿态——即使是姿态他都做不到。

他们最后的离别在西泠桥畔，曾经那抹灿烂的微笑烟消云散，梨花一枝春带雨，他终不能为她抛弃些什么。

她又能说些什么呢。这个女子站在男子面前能说出什么呢，她爱他，不忍拂他的前途，只有放手。

他呢，只能无语，此刻还能说什么呢。

相顾无言，唯有泪千行。

江南的冷雨封住了她寂寞的红唇，而后的日子成为明知不可能还要继续的等待、等待、等待！！

她在守着相思，一点一点拉长彼此间越来越淡的情谊。

就那样默然相爱，默然别离。

默然，始终是默然。

一切都似是幻觉，恍惚间做了一场才子佳人劳燕分飞的梦境。可是她整个人从开始到现在被划上了一道无法愈合的伤口，那道伤痕深深地烙在心上，他们的回忆化成她的回忆，思潮飞回去、飞回去，回到老远的言笑晏晏，回到最初的相逢一笑。

这个故事始终没有破镜重合，我喜欢一个人的形容："她的命如同高傲却又脆弱的秋草浮萍般，在寥落的冷雨中摇曳、漂泊，不知是何归宿。可怜女儿日日盼，始终不见阮郎归。"

五章 情不应至深，恐大梦一场

曾经沧海难为水啊！

她的余生，与他再无干系，即使会思念，会心心念念，也是一个人的事，她始终沉醉在自己眷属的梦中。

何处结同心？
现在真的该问自己何处结同心了。

痴心女子处处是，人人道是找不到，许是因为等你的那个人，你并不知道。
我一向觉得，专心致志等一个人，大抵是年轻女子会干的事情，她们输得起，耗得住，等到了皆大欢喜，等不到也不过是辜负了青春而已。
小小没有等到，熬得灯枯油尽，时间都对她残忍，不给她机会。

西泠，好像一直停驻在那日分别的西陵下，她对那份爱情的缅怀，笼着惆怅，那扇心窗外的景色是凄凉的，冷寒彻骨，可是她还是愿意将自己的心窗始终打开，那里会有一个男子，始终未曾走掉。

后来她碰到鲍仁，只是因为他有一张酷似阮郁的面容。我想大抵是思念良久了吧，在旧日遇见他的道路上，遇见一个感觉和他一样的男子，便有了后来的故事。她资助他，助他去考功名。她的生命在这样的日子也显得珍贵，或者因着爱情的离开她才能更冷静地去看待世界，自有一种不图报答而助人的快乐。

春上的季节，要了小小的命。她二十四岁的生命，带着她未尽的爱情和对

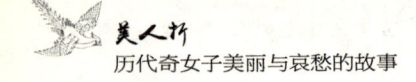

世界未清的认知走了。

病起是孟浪的约。

她本可以不去的。

其实我这都是后话了,她的心情抑郁,迟早有一天会呕死的,加之身体的缘故。这件事情只是作为了一个引子。

她染了风寒是因为那次和孟浪的相见。

孟浪是上江观察使,他邀约小小。小小本是无心赴宴,奈何不了一请再请,引得孟浪不高兴,也违背了自己最初的意愿。即使她后来姗姗来迟,可是她总有自己的魅力可以压得住所有人的怒火,再将这份怒火引入火盆,成为温暖。她是美丽的,加之一身上荡漾的才气,引得在场人的被震撼微笑。那日她曾咏了一首梅花诗。

梅花虽傲骨,怎敢敌春寒?
若更分红白,还须青眼看!

孟浪算不得才子,也不是木头,她既用了青眼白眼的典故又不卑不亢,他自是佩服有加,开怀畅饮。

夜晚畅饮为她埋下了病根。

小小似开在西泠桥畔的白梅花,赏花者甚多,倾她心中寂寥的人是少之又少。

小小去世后,我不知道远方的阮郁听到会不会落泪,还是他早已经忘记了这个女子的音容。

五章 情不应至深，恐大梦一场

她始终忘却不了西泠，葬在西泠是她的遗愿，不知道这里面有没有带着一点他的影子呢。

无情无情，痴情痴情，各中更有众儿女。

一年一年的春雨似乎都在悼念着这个女子的芳魂，点点滴滴的秋潮似她起伏的心事。

墓前杨柳不堪折，春风自绾同心结。

可笑的是就在她离开的日子里，鲍仁早已经金榜题名，后有路遇钱塘答谢苏小小，鲍仁也当算个有情的男子，白衣白冠抚棺大哭。

一宵冷雨葬名花。如是。

冯小青

当孤高冷漠遇到了爱情，那层冰冷的外套不攻自破。一场遇见，牵挂成了两个人的心事。

明朝的故事，我不爱讲。

却不得不讲讲朱棣和朱允炆的故事，因为这场皇位的争夺战，因为她父亲站错了队，以致她命途多舛。

建文帝朱允炆和他四叔永乐大帝朱棣的那场争斗，一个要削藩，一个要夺位。朱棣打着清君侧的名号发起"靖难之役"，从北平打到南京，期间的是是非非、恩恩怨怨，不知被演绎成多少故事。

帝王亲情，黎民百姓，统统不顾。帝王之权，可蒙蔽一切。

建文帝朱允炆和永乐大帝朱棣，是我喜欢的帝王。建文帝二十岁即位，一应作为，史称"建文新政"。而朱棣做帝王，更有帝王应有的气魄，"永乐盛世"是明朝历史中难得的明珠。

叔侄二人，却因着这无上皇权闹到兵临城下，一场大火烧得朱允炆下落不明。也不知道朱棣一辈子，想起这可怜的侄子来，会不会有一点愧疚。

在这场对峙中，冯小青的父亲作为建文帝的臣子，受到株连，年幼的小青因此流落他乡。

她是太守的女儿，祖辈的功业耀眼如炬。就是因为一步踏错了，守护的帝王败了，家人于是成了朱棣的刀下亡魂。她没有亡身，却亡了家庭。对她来说，这和亡了身又有什么区别，从此她天涯海角，只影寥落。

小青让人可怜，只有十八岁的年纪，就早早去了。应了那年女尼那句"寿不过三十"的话语。

小青此生与神佛有缘，张岱《西湖梦寻》之《小青佛舍》一篇中说："小青，广陵人。十岁时遇老尼，口授《心经》，一过成诵。尼曰：是儿早慧福薄，乞付我作弟子。"母不许。

我想也是因为这缘分，在那场家族遭到血杀的残忍故事中，她恰巧外出，得以幸存。

她最终是走了，在不足十八岁的年纪，和叶小鸾一样年纪轻轻。但她却比叶小鸾经历了更多更多，也有许多许多的故事可以去写，仿佛她的十几载等于小鸾的好多个十几载。

她经历的够多，感受到的疼痛太多，也就不让人觉得她还是孩子，老成的让人心疼。

张岱《西湖梦寻》之《小青佛舍》载："后病瘵，绝粒，日饮梨汁少许，奄奄待尽。乃呼画师写照，更换再三，都不谓似。后画师注视良久，匠意妖纤。乃曰：是矣。以梨酒供之榻前，连呼：小青！小青！一恸而绝，年仅十八。"

她在最后的日子里，请来了一位画师描绘。她打足精神的姿容恍若绝世的美人，波光婉转，美人于画上一肌一妍惹得人无限爱怜。只是，真的有这如画中美人般微笑自足多好，就不会无人怜惜了。

其实不该说她的悲剧是由冯通或者崔氏的原因而成，可能是家世变迁的原因占了许多干系。从一个太守家的冯小姐，到后来寄人篱下孤苦伶仃无依无靠的小青，然后成为冯通的妾，冯通的妻子崔氏日日咄咄逼人，她如何不计较。

那年，她在他的府上。

因着"靖难"之灾，命运发生偏执，从此再无安宁。冯通的父亲是小青父亲的好友，她被亲戚杨夫人寄养在冯通府上。好友这件事，锦上添花的多，一遇到事情，雪中送炭的人到底是少。可幸冯通的父亲此人善心，即使患难，真情的人不会害怕被牵扯，接纳安置了他朋友的女儿。

这样的朋友真是好。想到他们，让我多想，思绪飘飞到嵇康和山涛那一世的情，在世俗中开出怎么样的花朵。在生生不息的时事潮流中，那样别具一格，耀眼备至。

自古多才情的女子大都是心高气傲的，除非遇见可以抚平她傲气的男子。她是这样孤高的女子，或许因着少时的家庭阴影。孤高，是唯一包裹她的冰。

可当孤高冷漠遇到了爱情，那层冰冷的外套不攻自破。

她遇见了他。

是在烛光灯下。

上元灯夜，玉漏银壶且莫催，铁关金锁彻明开。她被强拉出来赏花灯。

不得不说，有一些东西是天注定的。我们不断辗转俗世，发现兜兜转转，一切早已经注定，顺着历史给定的道路行走，一丝一毫都不能改变。

或者是敏感脆弱的天性使然，她看见那一字谜，想到凄凉的自己，看透自己痛楚，红烛映衬着孤独，不禁难过，步子都迈不动。那谜面是这样的诗：

五章 情不应至深，恐大梦一场

话雨巴山旧有家，逢人流泪说天涯；
红颜为伴三更雨，不断愁肠并落花。

谜底是红烛，谜面却是小青。

他站在花灯下，看见这个落寞的身影。

他知道她，是在父亲的府上借住的冯小青。她知道他，是伯父的儿子冯通。彼此身份了然，只差这一秒的相遇。

在这大地上，千千人中那么一个角落里、那么一张谜题下两人因此而相知。

笑一笑，摆一摆手。

一场遇见，牵挂成了两个人的心事。彼此一眼可以看透，将暧昧进行到底。

心思明明。纵是千帆过尽的寂寞，我也看见你的红唇夹杂的哀伤。

喜欢梅的人总是喜欢在雪花中赏梅。赏得近了远了都成了俗人。

她是懂得梅花的人，他也是。

在落雪间去看梅，梅花映照。她收集梅上的雪，这天地中最纯最净的东西。

他在颠簸世事中漂泊，看见梅树下的她。她是有如落梅一样干净，落雪一样纯洁。

这样扫着梅上雪花烹茶的雅兴总会让人想起《红楼梦》里的妙玉。妙玉说，品不出雪水的是俗人。

小青是和妙玉一样的人，雅致出尘，气质斐然。

他同她一道拂扫梅雪，同她一道用梅花水烹茶。品美人烹的茶，知美人的爱慕心。

她没有拒绝他的到来，亦没有拒绝他走进自己的心。

他早已经把持不了自己的心,早将她放在自己的心坎里。

他有妻子,可难得遇见爱情。她爱他,也不再计较名分。

他终于把她纳成了自己的妾室。

她始终没有忘记自己的身份,没有忘记自己妾室的身份。她饮食口味清淡,却只能跟着大家一起吃油食腻物。

她和他莺莺燕燕恩恩爱爱,自然引起崔氏的不满之情。崔氏大闹,一来二去的手段之下,她的万种风情于他的眼里也是落花流水,无福消受。她看着他和她成双成对,自己偷葬相思和寂寞。始终是寂寞的,没有人去守候她的风情,她的故事,于是只能把心里话付诸诗词:

雪意阁云云不流,旧云正压新云头。

米癫癫笔落窗外,松岚秀处当我楼。

垂帘只愁好景少,卷帘又怕风缭绕。

帘卷帘垂底事难,不情不绪谁能晓。

妒烟渐瘦剪声小,又是孤鸿泪悄悄。

又绝句三首:

何处双禽集画栏,朱朱翠翠似青鸾。

如今几个怜文彩,也向秋风斗羽翰。

脉脉溶溶滟滟波,芙蓉睡醒欲如何。

妾映镜中花映水,不知秋思落谁多。

盈盈金谷女班头，一曲骊珠众伎收。

直得楼前身一死，季伦原是解风流。

相比之下，我更喜欢她写的绝句中的第二首：妾映镜中花映水。诉说着她的心心切切，思思念念。

镜子中的自己，如花映水中，不想复杂，只想得君心。

春夏秋冬世事变化，我时时刻刻将你惦念，我孤单啊，我以为自己可以让你开心，我以为你可以让我不再寂寞。

谁知却是由一种寂寞踏入另一种寂寞。

既然当初应了你，我也就卷入了她要与我的争斗。即使，我是不情愿，即使，我一直是在忍耐，可是爱是任性的，需要肯定的爱与嫉妒无法相处，必须有一个人在你的世界里消失，或者，在你的眼界里消失。

她这诗聊发着怨气，满腹的牢骚。

崔氏看到这些诗，妒气中烧，终于爆发，闹得天翻地覆。

于是，冯小青被送至冯家的孤山别墅中。

你们选择的是我走，她留下啊。

世间的事情，一向如此，悄悄离去的总是情人，不是正式配偶。

诗歌是寂寞人最好的伴侣：

其一：

春衫血泪点轻纱，吹入林逋处士家；

岭上梅花三百树，一时应变杜鹃花。
其二：
冷雨幽窗不可听，挑灯闲看牡丹亭；
人间亦有痴如我，岂独伤心是小青。
其三：
乡心不畏两峰高，昨夜慈亲入梦遥；
说是浙江潮有信，浙潮争似广陵潮。

可是即使那样，你依旧没有将我抛弃，我是该感激吗？
你不常来看我，可你达达的马蹄成为我每夜魂梦中的东西。
坐身起立，到处都有你的影子。
门外古树梅林，梅花开败，光秃秃的树枝。
曾几何时，你和我扫雪烹茶，似曾一梦中啊。

你的好，散落在岁月中点点滴滴，无法拼凑。
幸福的爱情是唯一的。
你和我，不幸福。

她请画师作了画，画中美人韶华倾覆，眼神中透漏淡淡的寂寞。既然无人怜赏，倒不如自己去看自己，珍惜自己，不要别人作践自己。
将相思化作自己心中的秘密，凝住是一抹自己的哀伤。
一寸相思一寸灰啊。
琵琶声声欲语迟。
她唱：

文姬远嫁昭君塞，小青又续风流债；也亏一阵墨罡风，火轮下，抽身快，单单零零清凉界。

原不是鸳鸯一派，休算作相思一概；自思自解自商量，心可在，魂可在，著衫又执双裙带。

她还是走了，留给他的是自己的相思，是自己冉冉婷婷的笑容，画像中她美丽如他们的初见。那些回忆像藤蔓长满他的脑海，路过时候的风景将他唤醒。

消失在你的世界。

她和他注定是水月镜花和两情相悦未到爱情。那被岁月覆盖的花开，一切白驹过隙成为空白。

冯通悲痛欲绝，大叫"我负卿"。他珍藏她的诗文文稿，被崔氏发现，一把火烧得残缺。他整理仅存的诗歌，将它们结集刊刻行世，书名称为《焚余稿》。

她写得最好的那首诗是这样的：

新妆竟与画图争，知是昭阳第几名？
瘦影自临春水照，卿须怜我我怜卿。

也许放弃才能靠近你，不再见你你才会把我记起。

我等不到举案齐眉了。

长桥一过，把你忘记。

今生无缘啊。

李香君

缘分使然,遇见了,一眼契心意,二度携手惜,三顾生死相许,故事便开始了。

那首诗怎么念来着?

银烛秋光冷画屏,轻罗小扇扑流萤。
天阶夜色凉如水,坐看牵牛织女星。

轻罗幔帐,凭杆倚栏,到处都是寂寞少女的味道。
女孩子沉沉睡去,梦里都想着,遇见一段好缘分。

甩一把折扇,听一首曲子。女子的手中总会有一把绫扇,扇动世间千万情思,摇来一个称心郎君。

她的折扇应该是最美的,以桃花为意向,用鲜血绘成鲜艳的桃花,成一个扇面。

一把折扇,拴住一个男人,一颗心。一缕青丝的纪念,纪念一段情。

我有缘而念她的故事,是因着卞玉京,她是玉京的好友,也是秦淮八艳女

五章 情不应至深，恐大梦一场

子之一。李香君这一生，和侯方域算是抵死纠缠了。

对于这种对爱情执着入骨的女子，即便用同样的爱回报，也觉不足。我是极爱这对璧人的，尽管中间有多少崎岖的坎坷。

一株植物的成长，仿佛一个人的一生，等它茁壮了、养成了，李香君的故事我也念完了，我用土堆为那株植物坚固根基，心生可怜，可怜李香君这辈子终无所依。她没有父母，亦没有男人依靠，身边仅有一个同为伤心人的知己朋友卞玉京。

侯方域是爱她的，但他们所追求的理想信念不同。女人的爱是心无旁骛的，男人却要的很多，女人、事业他们缺一不可。人生最怕，莫过空有嘴里说说的爱情。

世界是如此薄情，总会给我们一见钟情，却无法生死相依地爱或者喜欢。这一世但凡陷入爱情沼泽，也许幸福，也许超渡，皆是造化。

曾经在网上看到过一张手绘图，图上的女子用扇子遮住了口，扇下有坠，她笑，眉里眼里都含情，美得无可救药。我相信香君就是那个样子，娇小，无限风情，眉间韵律丛生。她的面色娇嫩，芬芳袭人，带着一束清新、一份天真。

她本不是风尘中人，即使后来堕落风尘，保持心灵澄澈，不经荡涤。此生此生，误风尘啊。

爱情输不起，更是无法中途换道、更替，爱上了，似乎就是你了。当然，那些朝秦暮楚不算得是爱，充其量叫作喜欢。

一生难得碰见与你情意相合的人，除去包容，还剩下理解做旁白，合意的有千千万万，千千万万个情投意合的人，最终千千万万分之一是你要找的。

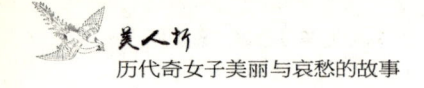

李香君遇到了她一生的千千万万分之一，却没有将这爱永恒地留在身边。

她信他，信他建功立业的抱负。她等他，等了他一生，直到生命最后终结，也未再见一面。

他有功名，却欠了她一世的幸福。

这故事像极了一场爱情文艺片，有相遇，有近在咫尺的错开，有天上人间的悲哀。如同所有的爱情片一样，世事变迁，唯有真爱在时空中来回穿梭，矢志不渝。

快乐总是短暂的，朝代一更替，离别断肠，相思重重，道是世事无常。

很多本来应该遇上的时候却是一步之遥，他们后来匆匆寻觅彼此未果的悲哀，让人感怀良久。

命运有因果，他们遇见就是因，爱没有结果，便是果。

这个故事有一个我们看惯了的苦情戏来做命运的开端，和一个让人堕泪的结局。香君家道中落，母亲一场大病花光了家中所有积蓄，并欠下一堆账撒手人寰。香君为了还债进了烟花巷，她卖艺赚钱，为公子们轻歌曼舞。

她是知书达理的美人，眼界自然要高出常人好多，世俗公子一应看不上，只有当时名贵的才俊才入得了眼，这些披着才情外衣的公子们入她的门，会她的文，喝她捧的茶。可那颗高矜的心，却很难拿走。

香君曾经随这些公子游历山川与河流，在他们的言笑晏晏的善意中，她的眉间本来的冰冷淡化成看不清的雾，直到她遇见了侯方域，完全置身于他的世界，这刚被大家化开的冰冷，瞬间，因着一个人再度凝结。从此，只为他一个人轻启红唇，笑意盈盈。

五章 情不应至深，恐大梦一场

有些事真是巧。缘分使然，遇见了，一眼契心意，二度携手惜，三顾生死相许。从此即使过尽千帆的寂寞我也愿背负尘寰，只为一句，等待下一次我们幸福的缘见。

一生只为一人去啊。

久经情场，看遍了花言巧语，分分合合，寂寞少女心也在蠢蠢欲动，香君有才学有名望，香脂水粉，锦缎珠翠，她不缺。她是需要被爱了，需要被她爱的人去爱，长久的寂寞侵蚀着她的心，于花林雾散的日子，遇见少年英才的他，融化了彼此寂寞的心。

在繁华中压制自己出尘的心事难得，在出尘的心上开出爱情的花是巧合。

从他走进她香闺的那一刻起，故事便开始了。

她房里挂着一幅"寒江晓泛图"，寒雪弥漫的清江之上，一叶孤舟荡于江心，天苍苍，水茫茫，人寥寥，悠远而淡泊，画上还题有一首诗：

瑟瑟西风净远天，江山如画镜中悬。

不知何处涧波叟，日出呼儿泛钓船。

他当是哪位高手所画，知是她的手笔后惊异万分，走的时候送她诗歌，作为初次见面的礼物：

绰约小天仙，生来十六年；

玉山半峰雪，瑶池一枝莲。

晚院香留客，春宵月伴眠；

129

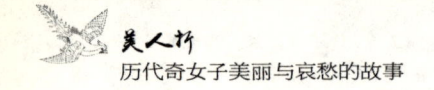

临行娇无语，阿母在旁边。

满含着挑逗的意味，充满风情。

爱或许给了她前所未有的保护，一个人久了，对于小小的好处都可放大成无限的感动和感恩。

许多时候，充实感亦可以升华成为爱情，经历的相思别离会成为越爱越浓的催情剂。

他说，我想你的美，想你的媚，你的温柔，你的体贴，你指间给我的安宁，你喋喋不休的叮咛。

她说，我想念你的笑，你的体贴，你的气概，你谈吐间给我的仰慕，你抱着我的温柔。

只要想着彼此的好，彼此细腻的片断，与记忆中的他或者她做纠缠，这份爱便成了经久的牵挂。离别越久，牵挂越深，爱越深刻。

而这场关于爱情的烽烟战火，未点燃就已经熄灭。

她带着她满腔的爱扑向这个男子的时候，就已经知道，这生这世，注定成为等待的闺中人。

我不喜欢讲故事，偏偏他们的故事是一个戏剧感极强、画面感极重的故事。

红日梢头，盈遍万江碧水流，漫过禅寺；漫过花间，漫不去少女等待男子的相思之愁。

她从开始就知道，家国天下，是臣的责任，也是民的责任。儿女私情轻江山社稷许多，男儿怎么为女儿抛家国。

这个时代的女子真是不幸，到手的幸福就可以这样简单地溜走，一句抱负

五章 情不应至深，恐大梦一场

便可以敌得过千万女儿想要的幸福。无人说过错，也无人弥补。

大家都作糊涂，当唐突，仰慕，由爱到相思，只有最后一段最苦。

她始终做他的信徒，那般执迷不悟。

我长长久久思念成灰，脑海深处，关于你的一切，一切笑意，一切音容，一切关怀如影随形。在黎明前的一刻一秒，你匆忙离开的那一夜，我的心碎难以诉说，你也难体会。

思念无法炮制你灵动的眼眸，你精致的轮廓和你跳跃的心动。

我愿意用一切好看的字眼来体味他们彼此相思的心情。

怨妇的故事我们见得太多了，大都是埋怨情长而意短，而思妇却永远是望归望归，盼回盼回，怀揣的始终是无望的相思。

香君无疑是共带希望和失望的人，所以，在等待中她不失她的心气，期间发生的故事太多太多了，只是这和他们的爱情无关，那些个无关的人出现在生命里，破坏了一个女人思念的美感。

我知道，她一定会那样做的。

可是还是震撼。

其实从一开始，阮大铖拿杨龙友的银子借给侯方域为她赎身，以拉拢侯方域的时候，我就有强烈的预感，阮大铖在她日后的生活中会扮演一个坏人的角色。这预感强烈而真实，真实变成了现实。她的身体从楼上下坠，以抗婚。这女子爱得无畏，爱得勇敢，爱得刚烈。她落地的瞬间，如火般灿烂。

所幸她不是绿珠，不是关盼盼，人无大碍，只是受伤罢了。

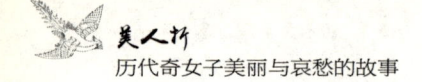

就用一分钟去认识她吧，喜欢极了她的性情。

后来她用血为墨，作桃花，绘在扇面上，静静地画着她所忠贞的爱情，这就是桃花扇的来历。

此刻，让我安静地讲这个电影似的故事。想用最好的笔触写这些镜头，写这个艳丽的女子和她的折扇，写这最后都错过的爱情。

忘记一切，只要记得他们的相爱。

一场大火，烧光了她的眉楼，烧光了她唯一可以依赖、可以等待他的地方。

慌乱中他在游走，寻找他每夜梦里的影子。

她跌坐在长板桥上，望着冲天的大火在眉楼的方向燃烧。夜空宛如血空，世界是一片混沌，仿若天地初开。她连前行都不可以，身边是慌张逃乱的人们，熙攘中她无处可依，被教过她的老师苏昆生路过时候带去苏州。

他在眉楼前寻找了一夜，愈急的火势，烧焦了他自责的心。

那一夜，两个人的眼泪洒满了那座桥。

上天给了他们缘分，却没让缘分团聚。他在街头流离，她在游离中丢失这个伤城。

其实，如果你站在高处，镜头若是在空中俯拍，会发现，他们距离的距离，不过百步。

时间啊，不给我们有如果的机会。他们谁也没有伤谁的心，谁也没有忘记天涯海角、生死契阔的诺言。

上天在云端打了个响指，眉一皱，头一点，五月的晴天，闪了电。

五章 情不应至深，恐大梦一场

不复相见。

故事到此应该结束，他们的后来，就是没有后来。

只是后来有关玉京，有关她们彼此的姐妹情，让我有说下去的想法。

真的，对于此刻失望的她，友情弥足珍贵。人生最重要的亲情她早早丢失了，让她可以寄情一生的爱人也和她背道而驰，只剩下为数不多占据她心灵的友情能够给她一点安慰。

其实那种极好的闺蜜，不用启唇，只要看一眼，彼此的心意就明了了，只需要一眼而已。好姐妹就算只握住你的手，也会让人感觉拥有了全宇宙似的。

她没有什么幸福可以分享给玉京，只剩下回忆诉说给玉京，玉京照单全收，贴心照顾，一直陪伴。

后来，她日日夜夜同死神做斗争，却从未放弃能再见他的信念。

苏昆生辗转多方打听他的消息，可他最终还是来迟了一步。

她在弥留之际对玉京的交付是一缕青丝和一折桃花扇。

他们的故事就此完结。

他们的相遇，仿佛就是上天给了一时的恩泽，他们无福消受。

一别即是永别。

世事变迁，沧海桑田，人定不如天。

这样的情事是最伤心的，我倒是宁愿如霍小玉那样女痴情、男变心的故事，那样给的仅仅是同情而已，比这样看着他们错过好得多。

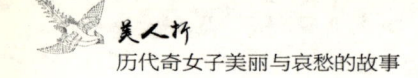

他们的故事也许终淡化得让人记不起，可只要看过，便是荡气回肠。

相见争如不见。一朝情深，一生不放手。

她的时代没有手机，没有电话，没有 Email，没有 QQ，何况战火纷繁，连通信都成为奢侈的企盼。我无法想象她是怀着怎样的信念在守候，在等待她未归的爱情，怎样在日日夜夜、年年月月中用回忆温存自己的心。她是认定就不会回头的女子，倔强而固执，我庆幸他也是这样的男子，认定的爱情到老都未辜负。

我默念他们的故事，文字和我的距离不足一尺，我似乎就站在他们面前，看他们的故事——关于爱情，关于守候，关于相信，关于等待，还有关于默念。看得见他们，看不穿心。

谁的笑容，醉在谁的三分之二的流年。

人人败给时间。

无缘。谱一曲。咏叹调。

唐婉

她无法忘记深爱着的男子，无法放弃，所以情愿等他，哪怕一生一世，无名无分。

有时候，我会幻想沈园那个美丽的地方，方寸荷塘，堤柳絮飘，细雨相合，十里长廊交错相通，阳光底下亭台高驻，有桃李、修竹，是绝好的天堂，亦是断肠的旧年故事。

沈园有情梦。有一梦造一梦，让人感动，让他们扑空。

陆游是南宋时期著名的诗人，出生于越州山阳一个殷实的书香之家，他的才华是毋庸置疑的。唐婉，是他的母舅家表妹，字蕙仙，自幼文静灵秀，不善言语却善解人意。二人青梅竹马，耳鬓厮磨，少年时候纯洁，年龄日益增长之时，少不了情投意合，丽影成双。诗酒人生，玉笛琼箫，夜陪明月，晨对朝霞。

有人说，他们的婚变是因为唐婉的妩媚艳丽，放翁对她的爱怜，不免使课业延误，母亲怕儿子沉湎于儿女私情，影响功业，于是强迫他们离异。有人说，陆母在郊外的无量庵，请庵中尼姑妙因为儿、媳卜算命运。妙因一番掐算后，煞有介事地说："唐婉与陆游八字不合，先是予以误导，终必性命难保。"陆母闻言，吓得魂飞魄散，急匆匆赶回家，叫来陆游，强令他道："速修一纸休书，将唐婉休弃，否则老身与之同尽。"面对态度坚决的母亲，陆游除了暗自饮泣，别无他法。迫于母命难违，陆游只得答应把唐婉送归娘家。有人说，因陆游考试中一再被黜，导致陆母迁怒儿媳，硬生生拆散了一对鸳鸯。

我不想去猜测陆母的意图，古今之间，多少猜测也未被证实，猜测终究是猜测，原因亦可以不知道得太真，结局，毕竟是隔路难相见。

我无法体会唐婉听到被休时的感受，礼教森严，容不得谁去辩说，可对于女人来说，休妻这样的事，是极大的羞耻。

即将分别的丈夫啊，父母已故，唯一亲近的人却要休掉我，我将何去何从，虽然我知道这并非你的本意，可让我不恨不怨，我做不到。

我不伟大，我只是女子，我不明白自己到底是做错了什么。

一瞬间，幸福大厦崩灭，烟消云散。

临别，泪戚戚，我仿佛看见了她的眸子，无限凄凉。

他说，母亲是他的天，母亲一开口，他只有做。

这些话，留着的原因只能是去骗骗受伤的自己。要是爱了，怎会顾及那么多，要是深爱了，怎会这样无情地抛弃。

爱是一步一步去经营的，当身体有无缝隙的契合，我生存的意义就此降临，会突然觉得一切是那么的自然，仿佛你天生是为我而生的女人，而我，也是天生为你而生的男人，什么才情，什么美貌都是浮云，我知道你好就好，管什么世人如何说如何评价，彼此知道我们年复一年的爱和我对你时时刻刻的依恋就好了，这样的感情从陌生人到路人，到朋友，到知己，到情人，最后成为生命中最珍贵的。

可是，她始终不是他的珍贵。

她最终住进了他安置的别院，放弃最后的尊严。

她无法忘记深爱着的男子，无法放弃，所以情愿等他，哪怕一生一世，无名无分。

可当姑母找上门来，我有多么恐慌，她嘴里面的羞辱、责骂，我权当不懂。因为我爱你，不想离开你，你是我最后的亲人，是我的丈夫，我不知道姑母为什么连亲情都全然不顾。我没想到，一切不会那么简单，她让我断了旧缘，彻底地了断。

孔雀东南飞，五里一徘徊。

她对我说着赵士程的好，她为我披上凤披，为我带上凤冠，一如当初，我嫁给你的时候。风，吹尽了我最后的温度，唇，不再似新生娇蕊，眼，不再似碧波荡漾。

心如死灰。

礼乐，盛赞，我一直没有看见你的身影，最后一面，亦是困难。

当年，是你牵着我的手走进房间，是你揭开喜帕，迎接我的笑容。是你，脑子里一切满是你。如今，是一双陌生的手，我没有挣扎，没有响应。

陌生，是因为我学不会熟悉。

我累了。你，是记忆中的完美，那么完美。

我接受了赵士程，这个以后陪着我的男人。

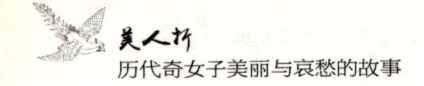

此刻,你的身边,会有另外一个女人吗?是否她早已代替我的位置,谈词,嬉笑,调琴,只是月下醉饮的时候,你会不会想到我朦胧的影子呢?

十年岁月,匆匆逝去。她跟着赵士程十年,十年的功夫可以改变一个人的容貌,一个人的品行,却没有办法改变一个女子坚定在内心和从未放弃的誓言。女人总是在受过伤之后还念念不忘,但岁月会让人柔软,也只是记得而已。我想她同这个改嫁后的男子来游历沈园的时候,她一定是微笑而满足的,这个男子给了她最坚实的依靠,给了她有力的肩膀,给了她荣华富贵,渐渐地,她也给了这个男子她的一切,只是除了她的心,她的爱情。

桃花飘零,柳絮如烟。

十年时间,什么都可以改变,包括我对赵士程的信任,我的坚持。

十年时间,又太短暂,我无法忘记你的容颜,一举一动。

阳光如同舞动的金蛇一般,荷叶微浮。

对着荷塘微笑,一时间看透了自己忧伤的眼眸,或许从来都没有想到过忘记,他是心底的朱砂,一碰,就疼了。

什么都碰到了,什么都没有碰到。

走走停停,人声喧闹,沈园仍是美得清新,一派繁华。默伫,林荫小道。背影寥落,苍茫,世界在一瞬间可以变得遥远。

人生就是一次华丽的转身,徐徐,回头看见故人鬓角发丝被风吹拂,孤单,瘦弱。

清醒之时,已经对视良久,两相对望,一心相系。

如同十年前,清澈明晰,饱含深情。不知是情、是怨、是思、是怜。

十年之后，欲语不能，最遥远的距离，莫过于此时，此人，此景。

无限的哀婉。

锦衣女子，人面已新。

相逢，萍水相逢，可他们之间，荒诞可笑。

最后是赵士程出面，给了他们可以把酒相谈的地方。

我欣赏赵士程，并不是因为他的包容，而是因为他的聪慧，他深知这些年来，唐婉对放翁的爱，从未断绝。他得到的只是一时的人，放翁得到的，是一世的心。他带走她，亦是可以，娇妻回到家后，定会茶饭不思，就算两人相见，重燃爱火，可她，已然已经是他的妻，他未言休，她始终是妻。再者说来，如此行为，还落得二人的感激。他抱定了如此的打算，所以安排好一切走得从容。

心安，理得。

久久不见，熟悉也会变得陌生，尽管日日思念，终是泡影。千般心事、万般情怀，却不知从何说起。抛尽相思泪，伤是离别，爱到妥协。

曾经，在对的时间里，遇到对的人，产生错的爱情。如今，错的时间，错的人，也注定是错的爱。万般皆错，谁惹了谁。

人脆弱到无法跨越时间稍稍的阻碍，任由摆布，如此悲凉！叹叹叹……

斟上一杯薄酒，将悲凉化尽，鲛绡透，分明是新添的忧愁，世人是无法斩断情丝才沦在凡间，何况是才子佳人，酒越喝越是苦味，终日以泪洗面，究竟是何原因？

天意弄人。

对酒，长歌，仿若当初，只是，那时是乐情，此时是悲景。

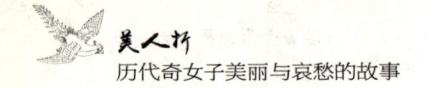

泪水将眼睛模糊。

醉酒，醉花，醉在那段斑斓如火的旧时光。

从熟悉到陌生，千言万语，来不及细说。只想知道彼此是否安好。沉默，良久。一别之后，尘归尘，路归路。再见，恐怕无缘，三步一回首。终究还是尘归尘，路归路……

他只留下一阙《钗头凤》给她牵挂：

红酥手，黄縢酒，满城春色宫墙柳；
东风恶，欢情薄，一怀愁绪，几年离索，错、错、错。
春如旧，人空瘦，泪痕红邑鲛绡透；
桃花落，闲池阁，山盟虽在，锦书难托，莫、莫、莫。

一切皆在诗中，图穷匕见。

每次读，都会落泪，催人心肝，魂是爱情的守护，心是相恋的见证，一切一切的感情，氤氲在词中，无处发泄，一边是严母，一面是爱妻。生不如死是他，此刻相见，远比上十年的感情，时间向他证明了许多问题，譬如说，原来他爱她，爱到骨子里。

她的一举一动，近在眼底，遥远又彷徨。

酒入愁肠，化作相思泪。

她的青丝根根入眼，丝丝明晰，这发髻，如同旧年。没有我，依旧有人为她盘上。

这是青年的他与少年时的强烈辩驳。

他不舍，却又无可奈何。

唐婉也和了一阙：

世情薄，人情恶，雨送黄昏花易落；
晚风干，泪痕残，欲传心事，独倚斜栏，难、难、难。
人成各，今非昨，病魂常似秋千索；
角声寒，夜阑珊，怕人询问，咽泪装欢，瞒、瞒、瞒。

她的日子亦是不好过，事情多变，人间薄凉，众生百态，都会有自己的归宿，我可以让风吹干眼泪对着赵士程浅笑，但心里藏不住汩汩泪思。相见时有千言万语，可让你知道我过得不好又会怎么样。

伤是过往无痕，伪装是选择坚强。满地的繁华是数不尽的忧伤变数，时间太难，难到让我片刻足以满足。

你还爱我，一如从前。

尽管，站在你身边的人不会是我，也仍满足。

我不好，真的，一切都不好。

看到一些人说她本可以拥有更美好的恋情和回忆。人道是：

离多最是，东西流水，终解两相逢。
浅情终似，行云无定，犹如梦魂中。
可怜人意，薄于云水，佳会更难重。
细想从来，断肠多处，不与者番同。

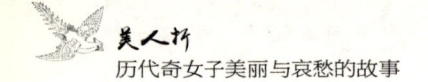

可爱就是爱了，没有什么值得不值得。

曾经沧海难为水。
追忆似水的往昔、叹惜无奈的世事。

记录是苍白的，时间是无情的碎片，人们所能够选择的仅仅是听天，由命。

不想说以后的陆游，仕途春风得意。他的文才颇受新登基的宋孝宗的称赏，被赐进士出身。以后仕途通畅，一直做到宝华阁侍制。这期间，他除了尽心为政外，也写下了大量反映忧国忧民思想的诗词。在心里，他永远是那个少年。

书上说，放翁早已知晓唐婉病逝的消息，我却希望不是这般，七十岁远比三十岁看得清楚，已经够多了痛苦。伤心到欲绝，时间可以让一个人疗伤，可以让一个人平和许多。

对世间有更多的感悟，亦会变得淡然许多，但愿我错了，有些感情是老而笃定的，至死不忘。

一朝深情，一生难忘。
他脑海里时常徘徊的是唐婉站在落花如雪的树下。对他浅笑，一如当初。

对旧事、对沈园依然怀着深切的眷恋。
当暮年的他在沈园幽径上踽踽独行，追忆着深印在脑海中那惊鸿一瞥的一幕，这时他写下了"沈园怀旧"诗：

其一：

梦断香消四十年，沈园柳老不飞绵；
此身行作稽山土，犹吊遗踪一怅然。

其二：
城上斜阳画角哀，沈园无复旧池台；
伤心桥下春波绿，疑是惊鸿照影来。

沈园是陆游怀旧的场所，也是他伤心之地。他想着沈园，但又怕到沈园。春天再来，撩人的桃红柳绿，恼人的鸟语花香，风烛残年的陆游虽然不能再亲至沈园寻觅往日的踪影，然而那次与唐婉的际遇，伊人那哀怨的眼神、娇羞的情态、无可奈何的步履、欲言又止的模样，使陆游牢记不忘，于是又赋"梦游沈园"诗：

其一：
路近城南已怕行，沈家园里更伤情；
香穿客袖梅花在，绿蘸寺桥春水生。

其二：
城南小陌又逢春，只见梅花不见人；
玉骨久沉泉下土，墨痕犹锁壁间尘。

扶墙长叹，人已是暮年。情却切当年，竟似从前。

最爱的是那首：

枫叶初丹桷叶黄，河阳愁鬓怯新霜。
林亭感旧空回首，泉路凭谁说断肠。
坏壁醉题尘漠漠，断云幽梦事茫茫，
年来妄念消除尽，回向蒲龛一炷香。

无限哀婉，无限悲情。

一时间，参透生死，他看得清楚，她的早逝，对她而言是解脱，如今香魂一缕，一埋孤坟，不再似从前相思成灰。

陆游八十五岁那年春日的一天，满怀深情地写下了最后一首沈园情诗：

沈家园里花如锦，半是当年识放翁；
也信美人终作土，不堪幽梦太匆匆。

人生，话不尽凄凉别意，往复此生，印象深刻的并不多，许多东西随着时间的流逝都忘却了，可风月情债，注定是一生的缠绕。

到头来，是谁负了谁？
情到深处，爱是一生。

[六章]
谁愿欠我一世,佳风流,待我好

寇湄

她如精灵宛转，耀一身的灿烂。还来不及鼓掌，她却匆匆转身谢幕，留给众人一个潇洒的背影。

我喜欢唤她寇湄而不是寇白门，说不出什么因为所以。这又是一个善画兰的女子，兰是适合她的，因为兰花隐逸，隐逸这个词很适合那种不曾享受爱情的女子，她在我心里一如兰花，洁身自重而气味清幽。

有一些女子好像不需要爱情叨扰也可以一样活得美丽，李季兰是，寇湄也是。纵然有爱情慕名上门，亦抹不去她们自身的风采。

寇湄这一生，怕是没有遇到过爱情，或者说《板桥杂记》留给我们的线索太少，让我们无处去寻找她这生的故事，更难提笔描绘。

较其他女子而言，她似乎可以用幸运二字形容，未经多少年月璀璨，晚年过得悠闲自在，会诗友、唱小曲、烹茶论道。

她被列入秦淮八艳，被时人称作侠女，大抵也是因为她行事光明不做作，有江湖侠气的缘故。她比不上顾横波的婉转眉目，卞赛的优雅从容，但骨子里那股大气、从容不迫的气质令众生倾倒。那是野生的气质，行走在世人的眼外心内，难得至极。

我说她是这八个女子中隐秘、最不为人所重视的女子，自然有我的道理。

六章 谁愿欠我一世，住风流，待我好

她与那七张华美的绢不同，她是绸，丝滑得让人一览无余。其他七人的身上或多或少都有一些着墨，而她是纯色的。

她是纯色的，不是说她这辈子青灯古佛清汤寡水地过了一生。她嫁过人，那个男人叫朱国弼。朱国弼是明朝东林党成员，清军南下，保国公朱国弼成为清廷软禁的犯人。寇湄与他的故事，就发生在他被软禁前后。

不知道她的眼里，会不会时常浮现那场规模最为浩大的结婚场面，出嫁时的她是足够骄傲的。纵然是官家小姐，也未必有她一样的排场，何况她是一个乐妓，一个在风月场上连幸福都不敢奢望的女子。

数人的拥簇，精致的面妆，人山人海的排场，爆竹声声，丝竹管弦声震天，满城喜庆的红色，耀眼至极。那夜的秦淮少了一个十七岁的烟街女子，世界上多了一个娇媚的妇人——或者我们可以叫作短暂的妇人。

总之，那天的场面是女子所欢喜的，满足了女子对于婚姻的一切心愿。

他给了她片刻的虚荣以及贪得一晌的欢娱，然清兵南下，将繁华打破。我倒是庆幸朱国弼降了清，做了俘虏，这样子寇湄才有机会拿到解开禁锢她的樊笼的钥匙。她像一只生性自由的野鹤，回到了久违的土地，那个有她想念的气息和味道的地方。

我想她对朱国弼是没有情的，不论是浓言蜜语的恩爱时刻，还是日后独守香闺的漫漫长夜，她的心始终与这个男子无什么纠缠。十七岁的少女，懂什么柔情真心。纵有瞬间动了心，也会被压抑在万千沸腾的血液里——她骨子里不安份。

我们单看她不屈于安排，为自己保全的办法来看，就知道她是聪慧的：朱

147

国弼要筹钱自保，想卖掉包括寇湄在内的歌姬舞女，可寇湄呢，她对朱国弼分析自己的价值，告诉他若是自己回到金陵，筹到的钱远远大于朱国弼卖掉她的价值，她努力让朱国弼信服自己，让朱国弼去依赖她的银两，等自己筹到了钱，全身而退。

她没有可以去交心的友人，但是有可以共患难的姐妹。风尘女子在很多事情上显得出尘的可爱，永远是比常人更能引起我们的钦佩之情。她回到秦淮河畔，求助于众姐妹，她们变卖己有，倾尽自有，用自身为数不多的财物来帮助寇湄。

她筹得钱，救了朱国弼，便和他断了恩情。这一系列过程，堪称完美地让对方放掉了自己，从此再与他无任何瓜葛，亦没有背负任何骂名。

这个女子磊落，人们愕然间，她的故事却匆匆收场。还来不及鼓掌，她便转身谢幕，留给众人一个潇洒的背影。

可是我还要鼓掌，将掌声留在自己的心里。

戛然而止。

自此以后，她和他再无后续，连个回眸都没有留下，如精灵一般潇洒任性地行走。

她从此与风月无关，与风尘绝缘，恋恋而依，跃跃而终。

我不喜欢亏欠，总觉得欠了别人丁点，心中就会不安和愧疚万分，寇湄也是这样不喜亏欠的女子。关于她与朱国弼的故事，我想她怕是这样想：如果我可以用爱情回报你也好，若不能，救你于危难中，如你救我于风尘中一样。从此后我们两不相欠。救与赎，嫁与爱，婚姻与保全，报恩和两不相欠。短短几个词语，就将这段无关爱情、无关情事的感情画上句号，作了了结。

六章 谁愿欠我一世,住风流,待我好

　　这个女子,她不是李季兰,亦没有李季兰那样豪爽的性格,她身边更没有那种可以同季兰交心如陆羽般的朋友。从她的故事里,我捕捉不到一点她的情,仿佛一个人孑然一身了一辈子似的。历史一定遗漏了一些关于她的东西,我们只需要一点线索,甚至只需要一个字眼,便可以让我们捕捉。遇见点滴,紧紧地抓住它。若是让它离开,浮光掠影,再无处寻。

　　她后来常住金陵。在金陵"筑西亭,结宾客,日与骚客相往还,酒酣以往,或歌或哭,亦自叹美人迟暮,嗟红飘零"。
　　或歌或哭呵,我一直以为她是没有眼泪的。
　　她叹的是"美人迟暮",而不是命途悲伤,她将自己看作未出世的少女,全然掩去了她烟火的往昔。
　　本来我是不想提到扬州的孝廉,但或许这才能更好地佐证她是野生的女子,只是恋着这红尘,但想一人独享,骨子里有不安于现实的叛逆。所以再三思量,将这段故事添了上来。
　　她从孝廉,后来又倾慕韩生,生活、财务上处处帮扶着他,她欲与他共寝,韩生弗从,转眼间便看见韩生与婢女调情,一病不起。

　　她是会迟暮的美人,却没有抱她而归的将军。
　　有一些感情天性使然,潇洒如她,怎么会不动气呢。
　　她的感情,永远不会淡默,只会刻意的埋没。
　　女子不是大丈夫,败就败在自己无法平复自己的伤口。
　　有一些爱情,还未登台,戏班就收场,连开口高歌的机会都不留下。
　　于是,她唱着"知交半零落",徐徐地醉过。说到底还是女人,还是伤痕累累不愿意示人的女人。没有安全感的时代,给人没有安全感的未来,她在渐

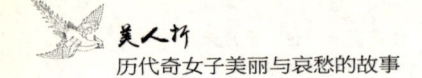

行渐远的世味中努力寻找自己活着的意义和价值,迫不及待地想将爱情残缺的空位补上,却那样仓皇,那样卑微。

尘世有两种美丽的花朵,一种是男人,一种是女人,一种代表着刚毅,一种代表着柔软,可总有一些娇艳的花枝下有着柔软的香瓣和尖锐的刺。这种女人需要的不是呵护,而是帮她拿下她的刺。

寇湄是这样的女子,可是世间出现不了可以让玫瑰开得娇艳的男人。她努力地生长,因为没有保护,等到自己足够强大,有足够能力去保护自我的时候,才发现男人已经近不了她的心。

外表那般倔强,内心依旧盛满着女人的脆弱。

娇嫩是最需要守护的柔软,有一些席位注定空隙,有一些人注定孤独。

若是遇上了,请你好好珍惜她,请你善待她。

我一直在想这根刺的来源,想因着这源头挖掘她内心的空虚究竟何如。书上说她是单纯的,可有时候,愈是单纯、愈不知躲闪的人内心难以平复的伤口越多。

她们这些女子呀,风月场上见惯了装腔作势的甜言蜜语、天天倚红偎翠灯红酒绿的男人,她们每日纵情高歌,可其实,她们大都是最缺乏安全感的女子,想要被保护却未得到真正的保护。所以要伪装自己百毒不侵,不被爱情侵蚀,可一旦有真心对她好的男子,她便心动,什么都放得下。

——这是这些女子可怜又可贵的地方。

我们说寇湄吧。继续说有关她的话,我为自己的跑题而忏悔。我是不爱提及钱谦益的,可万分忽视却不能忘掉他的才华,他曾为寇湄作文,这般写道:

六章 谁愿欠我一世，住风流，待我好

寇家姊妹总芳菲，十八年来花信迷
今日秦淮恐相值，防他红泪一沾衣
丛残红粉念君恩，女侠谁知寇白门
黄土盖棺心未死，香丸一缕是芳魂。

印象里女子的爱永远是盲目的，她却不同，没有在爱情中迷失的女子是幸运的，可有时候看得太清反倒会误了自己。有些空白你无须去填补，可何必将它硬生生看破？

遮一点，有时候更美！

我们做人、谈诗、说风月都似这般，人事种种，大家一路上似乎都只为寻找的过程，却不一定要悟出最真的道理。世上多姿多彩就是因着这无限的追求，反反复复的参悟、反反复复的求知。人需要这一点灵性，爱情却常让它变得盲目。虞姬看得透天下大势，却甘心为项王一死，霍小玉看透了李益变心，却甘愿为他耗尽心力。谁左右得了爱情盲目起来的力量呢？

而寇湄，始终是理性高于感性。她的心是高瞻的，将忠奸分得太分明，好恶看得太清，时人唤她女侠，也不知道是对了还是错了。

我们在人生路上行走，在辗转的过程中，世事无常，于是愈发依靠感性。世上最难寻找的就是她这种侠气，女子大都少了这样的侠气。

我欣赏她、爱着她，将她放在高于男子之上的位置。即使近四百年的距离，似乎还是感觉到她行走时带着的凛冽的风。

她如精灵宛转，耀一身的灿烂。

堕入寇湄的世界只需要一瞬，却需要修炼百年、经世事轮回。

陈圆圆

冲冠一怒为红颜,山海关开了,英雄败了,她的故事由此开始,也由此结束。

一部明清史,满目皆疮痍。

王朝,当真已经不合历史潮流了,朝代与朝代交集刹那的碰撞,就像十字路口未架设天桥,让四面八方的人与车流拥挤在一起,堵在明清的交界,甚是可悲。明清以来大多数文学史上的光芒散在这短暂历史的交替瞬间,比如钱谦益,比如吴梅村。

这文学史百花绽放的时代,仿若和乱世黯然作对,充斥入眼的是满目光与光的杂交。

但我当真不能歌颂这些男子,此时的男儿多无傲骨,这傲骨反倒生在许多女子身上。这样的乱世,那些如水的女儿,以柔为刚,凌驾于男人之上,更为后世传唱。

我从没觉得哪个时代的女子可以这样的出众,即使是在武则天当朝的时代也没有,这些女儿们纵然手里没有权势,可她们以她们的生命做笺,以故事题诗,在乱世飘零,主题千万中,各有各的缠绵。尽管大多数唱着公子多情,红颜命薄的故事。

六章 谁愿欠我一世，住风流，待我好

这个时代，任是谁都抢不过圆圆的风采，她太耀眼！

戏词里唱："冲冠一怒为红颜。"人们安于去津津乐道这种想象里的浪漫情爱。可是美人终究寂寞，有谁想过，冲冠一怒为红颜的主角究竟是不是她。或许，她只是江山王国的替代品啊。

山海关开了，英雄败了，她的故事由此开始，也由此结束。

仿佛这一生，她的意义就在这一秒，一秒的国之存亡。此后，被历史的风烟所忘记。传唱成神，束之高阁。

我总觉得，圆圆身上多多少少有点林黛玉的影子。她们一般美艳，一般孤高，只愿为男子倾心，而后心灰意冷，流尽伤悲。

她们一样的可怜，所以我宁愿相信黛玉那不染尘世的身子像有人推测的那般，是堕入了池底而非病倒在病榻上。就像圆圆的身子一样，在清冷的别苑，纵身跃进冰冷的湖中。

圆圆比黛玉，更为幸运一点，因为她被承认，至少她是他的妃。

那是旧年了，不论他们相遇前后，圆圆始终是圆圆，仍是那个英雄晚宴上的舞娘，黛玉却在冷月花魂中待月潇湘。

或许，在没有吴三桂的时候，圆圆的生活才最为简单，即使，那时候她心中那个人是我瞧不起的冒大公子冒辟疆。这个男人，伤害了董小宛，抛弃了陈圆圆。

那时她的生活是落寞的，单朝向一个方向驶去。遇到那在战场上叱咤风云的将军，临时换轨——从那场舞宴开始，她与一个将军，结下了一生的缘。

她是专情的女子，遇上了就是一辈子。冒辟疆与吴三桂，起码后者可以慷慨护她周全。那个懦弱公子却不可以,当年陈圆圆芳心暗许,这位公子拒绝再三。

那年,她是田畹家的舞姬,她在席上舞蹈。

她水袖翻舞,在舞宴上惊鸿一瞥,即刻融化掉高堂上正襟危坐的少年将军的心。她回眸复沓,袅袅然凌空跃起,宛若荷花面上盈盈绰约的仙子,如痴如醉呵。

我想她对他,应该是有感觉的,一曲一舞中,只需要一个眼神传情达意,即可了然。

年少的吴大将军一时爱慕,情意款款之下就慷慨允田畹一家周全。

少年将军,功业有成,我不相信眼前这个男子比冒辟疆差到哪里。

她"声甲天下之声,色甲天下之色",旋转跳跃,尽他们开心颜。

圆圆的悲剧,其实早在田畹为皇帝寻找佳丽就开始。在田畹府中,在席上被少年将军看中,这一切,来得太快太突然。圆圆是木然的,在被冒大公子拒绝后,她就那样舞着舞着,不带感情——犹如天降,突然被放置在一个男人身边,一个可以让她安定的男人身边。

其实这个女人似乎从头到尾都不懂得表达自己的情感,她笑亦是悲,悲亦是笑,无人问津。我们关注的是她的一瞬间,山海关因她而开、大明因她而亡的瞬间。从此,她不是坊间起舞的舞娘,她是万千人眼中的尤物。

一个海伦,挑起了两个国家的战争。一个陈圆圆,亡了自己的朝代。

我对她是同情极了,许因为看过太多剧目,它们刻意将圆圆视为祸水,所以心疼这个声名一夜间响彻历史的女子。

鼎湖当日弃人间,破敌收京下玉关。

恸哭六军俱缟素，冲冠一怒为红颜。
红颜流落非吾恋，逆贼天亡自荒宴。
电扫黄巾定黑山，哭罢君亲再相见。
相见初经田窦家，侯门歌舞出如花。
许将戚里箜篌伎，等取将军油壁车。
家本姑苏浣花里，圆圆小字娇罗绮。
梦向夫差苑里游，宫娥拥入君王起。
前身合是采莲人，门前一片横塘水。
横塘双桨去如飞，何处豪家强载归。
此际岂知非薄命，此时唯有泪沾衣。
薰天意气连宫掖，明眸皓齿无人惜。
夺归永巷闭良家，教就新声倾坐客。
坐客飞觞红日暮，一曲哀弦向谁诉？
白晰通侯最少年，拣取花枝屡回顾。
早携娇鸟出樊笼，待得银河几时渡？
恨杀军书抵死催，苦留后约将人误。
相约恩深相见难，一朝蚁贼满长安。
可怜思妇楼头柳，认作天边粉絮看。
遍索绿珠围内第，强呼绛树出雕阑。
若非壮士全师胜，争得蛾眉匹马还？
蛾眉马上传呼进，云鬟不整惊魂定。
蜡炬迎来在战场，啼妆满面残红印。
专征萧鼓向秦川，金牛道上车千乘。
斜谷云深起画楼，散关月落开妆镜。

155

传来消息满江乡，乌桕红经十度霜。
教曲伎师怜尚在，浣纱女伴忆同行。
旧巢共是衔泥燕，飞上枝头变凤凰。
长向尊前悲老大，有人夫婿擅侯王。
当时只受声名累，贵戚名豪竞延致。
一斛明珠万斛愁，关山漂泊腰肢细。
错怨狂风 落花，无边春色来天地。
尝闻倾国与倾城，翻使周郎受重名。
妻子岂应关大计，英雄无奈是多情。
全家白骨成灰土，一代红妆照汗青。
君不见馆娃初起鸳鸯宿，越女如花看不足。
香径尘生乌自啼，屟廊人去苔空绿。
换羽移宫万里愁，珠歌翠舞古梁州。
为君别唱吴宫曲，汉水东南日夜流！

吴梅村先生作《圆圆曲》，道尽她一世风华无举，却未见，她满腹的忧郁。

要怎么去说呢，一道沉沦的灰色漫天而下，刹那间的昌荣太平荡然无存。我想那个世道不会有安静的阳光，那场雷雨来得急切突然，她先是被闯王部下劫持而去，被李自成发现。她依附的男人，早已经不是当年年轻气盛的少年将军，而是手握重兵的山海关总兵，于是她此刻成为他愤而降清的重要理由。

佳人永远是命途坎坷的，没有哪位美人一帆风顺，踏浪到底。乱世红颜最是命运的幌子，看得现实真真切切有多残酷。

其实，他怎么会没有自己的打算呢？吴三桂算不上英雄，但到底称得上枭雄，他没有蠢到为一个气数将尽的大明死守到底——虽说崇祯对他多少算是有知遇之恩的。

圆圆成为他最高明最精妙的一颗棋子，冲着他理想的方向前进。他没有选择李自成——李自成草莽气太重，任谁都看得出他没资格成为一个皇帝，于是豪气壮志的满人成为吴三桂的最好伙伴。

我们呀，都太愿意相信童话般美丽的爱情故事，相信那个戏剧化的结局。
我们愿意相信这个战场上万般英雄的将军，是一个柔情似水的情种。
他宁愿为千人指、万人骂去做一个叛将，也要拥抱自己心爱的女人。
怎么可能呢！

汉人眼里，始终不愿意承认自己骨子里的那份懦弱，也不愿承认别人骨子里的不忠，这都是千年来忠君思想害的。
君为父，君要臣死，臣不得不死。
人们愿意相信他的赤胆忠诚，但为情所困，又那么容易惹人怜惜，引众生谅解。

明清之际，就是一场华美的戏剧舞台，看是谁将那出忠心唱得响亮。
吴三桂无疑是成功的，千古过错堆积在一个原本沿着单轨生活简单的女子身上。她刹那间成为忠臣问责的对象，成为别人不齿的祸水，她的芳魂在这一场连续突兀的争抢战乱中还未觉醒，又被卷入下一场更大的漩涡。
在各色人的演绎中，她的头一点，眉一皱，山海关一开，她出场，匆匆打一个照面，就历经了一场洗世的轮回，天下也记住了她。

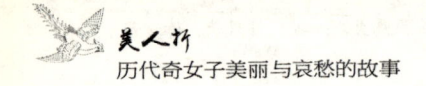

泰戈尔说:"天空没有翅膀的痕迹,但是我已经飞过。"圆圆像他所说一般,她的芳华,没有怎么招摇就已人人尽知,且是千万人的不齿。

我只能说还好——还好吴三桂收留了她。吴三桂究竟爱不爱圆圆我们无从得知,爱到何种程度我们更无从谈起,可他必须担起她的幸福。坊间的传言已经让他成为一个绝世情种,一个千古来为爱亘古的痴心人。他注定成为她留守的因。从此她跟着他南征北战,最后到了云南,最后安定。

她的故事由浅到深,中间浓墨重采的一笔,一笔过后又回归平淡。她本是一个平淡的人,因着机缘,被牵扯到淌不出的历史之流中,成为开水之闸,浩浩荡荡。

大明王朝,我是厌恶极的,只是觉得可惜了崇祯皇帝,他称得上是一个好皇帝,只是太为优柔寡断,少了玩弄权势的手段。历史上亡国之君多昏庸,朱由检是生错了年代。大明的腐朽早已经根深蒂固,任是李世民都无办法。看史书上的文字,冰冷得甚至无法再述。血流成河,紫禁城这般凄凉,灾难血腥,触目惊心。崇祯死得凄凉,王子公主,个个随着帝国亡灭。

吴三桂到了云南,做了平西王,圆圆跟着他到了昆明,在那里度过了她越发浅淡的后半生。吴三桂对于陈圆圆,连片刻温存都没有,他给她别院居住,像是赏赐为他立下汗马功劳的战士一样。

她呀,是众人眼中他心头的朱砂痣,其实呀,不过那墙上的蚊子血罢了。她只是阴差阳错地进入了他的世界。

吴三桂身上有太多阴险、计谋、算计、手段。当权力凌驾于心灵之上,他再无爱情可言。他或许会记得他爱过，可那都是很久远的事情了。他的心中权力是他最忠贞的情人，不断吞噬他的欲望——这才是他的白月光。

圆圆注定了悲剧命运，成为他谎言的牺牲品，成为他权力的牺牲品。

大概是累了吧，这一世辗转了四五个男人，尽管吴三桂不是爱情，至少是一段能让人安宁的婚姻，至少自己安定下来了，也就作罢。

后来圆圆给我们留下的背影太浅了，从入了昆明后，她的名字仿佛被人们遗忘了似的。她的轻言浅笑，成为他的倦怠，芳华流逝，这对众人眼中的璧人纵然上了同床，也不能同枕眠，心从开始就没有在一起。

或许，他的英雄之处曾让她倾心，他从闯王手中抱得美人而归，可瞬间的爱慕在迅猛袭来的流言中破灭，她明白，纵然自己让他动心，可是也无法成为他的重中之重。

女人和男人就是这样。女人需要的仅仅是一种心灵安宁的稳定，而男人，往往会因为一些利益抛弃身边的人，越是成功就越是这样。权力的欲望似乎可以让人忘记一切，但当真的位居高堂，又叹身边人影寥寥，真是无耻。

他没有回眸看她，他早已经不是当年那个绰约的风流将军，他的深情，他的担当，只是给那个香艳的故事画一个完美的结局罢了。

她选择洗尽铅华，别居他院，做了潜心修道的女尼。从此，他于她，是天涯路人，再无关系。其实本来就应该是路人，当年啼妆满面，依旧是今夕的残红印记。

她仿佛自此就没有了消息，与人世渐渐疏离，如果不是吴三桂后来兵败如山倒，她何时离去，我们都应该浑然不知。

他败了，如山倒，她知道，这次败了，是他几十年前本应该就吃的败仗。

159

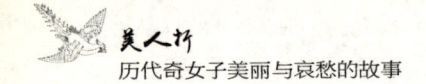

他的身影，跃然于世，早已经没有当年的雄姿，她亦明白，自己在这个世界，没有多少意义。他们二人被史书合二为一，历史早已经将他们紧紧地捆绑在一起，于是她转身赴滇池选择自沉。

圆圆真的是看透了。其实生死于她，没有太大的意义。她早已将自己的心沉了。不是她愿意为这个故事，这个让她这一生辉煌的故事再添上一个结局，只是倦了，她随他而走，带着他所编过的华美故事，在月色中成为永久的归宿。

圆圆比起吴三桂，多了一份坦诚和从容的安宁。我一直在思量圆圆是怎么样的女子，在这么多大起大落大悲大喜面前，透过历史，看不到她的样子，找不到她的诗文，她浅得像不存在，又似乎亡了一个朝代。

细数圆圆的一生，总觉得欠缺了什么，仔细算下来，她没有负谁，谁也没有负她。也许是时间欠她一个期限，一个承诺，是那个乱世负了她，让她找不到真正的自己。

吴三桂与陈圆圆是笔记小说中的吴三桂与陈圆圆。

来世舞宴，希望她逢着一个解她忧伤的男人。

生命呀，只要好，不要长。

她不好，你好吗？

薛素素

她是马背上的女子,似极了侠女。她有满腔的夙愿和惆怅,却无人倾诉无人会。

知道薛素素是一个偶然,因着马湘兰,顺着王穉登,知道了她。

我是一见钟情的人,喜欢素素这个名字,也喜欢薛这个姓。请原谅我的浅薄。

在彼时这昏暗的房间里,电脑微微散出的光照亮自己手中的键盘和鼠标,手指在百度的网页中静静地滑动,耳际安静,只有我或紧或慢敲打键盘的声音。

我要读一读她的故事。

愈向下看愈是满足,旖旎无限风光,如她。

慢慢靠近,尽量让自己处在和她初识初见的阶段,让我对她的感觉保持在任性才最不失真的状态。

我怕自己因着马湘兰对她颇有见外。

素素是如马湘兰一样可以被称作诗人而不是停驻在才女位置的女子,但她的名却决计不能被才华所盖。素素棋、诗、书、画、弓、歌、舞、琴、箫、绣等，无不工绝，有"十能"之称。她自负侠名，因为她的"善弹走马"，《无声诗史》更云："薛素素善驰马挟弹，能以两弹先后发，必使后弹击前弹，碎于空中。又置弹于地，以左手持弓向后，右手从背上反引其弓以击地下之弹，百不失一。绝技翩翩，亦青楼中少双者。"马背上疾疾如风，红装一抹，无限英姿。

王鹤先生在博客中这样解释素素的绝技：她酒后的面容，微微酡红。她利索地将宽松的衣衫稍加收束，走到场地中间，然后轻轻侧头，拉弓，仰面，右手一紧一松，紧接着重复同样的动作。但见两个弹丸在空中先后飞出，疾如流星。后一个弹丸速度更快，奋力追赶，猛然击中前面那个，碎屑落了一地；接着她又将弹丸放在地上，用左手持弓朝着地面，扭过身子，右手从背后反转过去拉弓弹击，这动作更显出她身姿的柔韧和灵巧，最关键的是，用这样高难度的姿势她也总能百发百中；还有更绝的，她把弹子放在婢女额上，然后一射而中，"弹去而婢不知。"最后一则，让我们想起《庄子》里那个运斧成风的木匠，能一斧头削去朋友鼻子上的石灰，鼻子却安然无恙。薛素素和他，都有熟能生巧而臻于化境的神功。

素素是马背上的女子，似极了侠女。她的诗文书画，也是当时一绝。朱彝尊《静志居诗话》中称她所绘"山水、兰竹下笔迅扫，无不意态入神"，连董其昌也"见而爱之，为作小楷《心经》，兼题以跋"。胡应麟《甲乙剩言》说起她："素素姿度妍雅，言动可爱，能书，作《黄庭》小楷，尤工兰竹，下笔迅扫，各具意态，虽名画好手，不能过也。"

念及此，看她的人生，自觉有些白活。

六章 谁愿欠我一世，住风流，待我好

我们总是在抱怨时间仓促，不够用，她却能运用得如此妥当，所有事做得完美无瑕。

真真惭愧。

我不知道她的"十能"个个有多么精妙，更无缘欣赏她的完美，只从文字的记载想象，单单凭现存的诗文与画作，也能让你我，动心动情。若你不信，不妨去美国火奴鲁鲁美术馆看看其所作的《墨兰图》。若在北方，看看北京故宫博物院藏的《兰竹松梅图》、《兰石图》、《溪桥独行图》、《兰竹图》，要是在南方，不妨去南京博物院看看她的《吹箫仕女图》，当真各有精彩。

这女子，是传奇呀，是传奇。

她的画像，当时在蛮荒的四川山川中流传广泛，《众香词》里说："（素素）为李征蛮所嬖，其画像传入蛮峒。彭宣府深慕好之。吴人冯生自谓能致素素，费金钱无算。久之，语不雠，宣尉怒羁留十余年乃遣。北里名姬，至于倾动蛮夷，世所希有也。"钱谦益在《列朝诗集小传》中也提到过这件事。

世之所奇呀。

素素的诗文，全集在《南游草》、《花琐事》等诗集中，可惜现在都散失了。如今可以看到的，只是残留在钱谦益的《列朝诗集》、王士禄的《然脂集》中存有她的20余首诗，而此刻我能够看到的只有三首，一并录下：

少文能卧游，四壁置沧州。古寺山遥拱，平桥水乱流。
人归红树晚，鹤度白云秋。满目成真赏，萧森象外游。

163

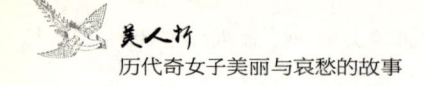

独斟

香尝花下酒，翠掩竹间扉。独自看鸥鸟，悠然无是非。（其一）

好鸟鸣高树，斜阳下远山。门前无客过，数酌自酡颜。（其二）

关于她的文字，我想自己不需要用太多的言语夸饰，仅看对仗工整和用典精准，就可见一斑。

诗歌没有什么好解的，是写景的诗作。她写的风光睥睨，未曾露面的美人香，让人心思远翔，写尽脂粉香气却明净高洁，未曾掉入俗气，同时表达她淡薄名利的态度，和她与世无争的心境。至此，诗意方才顿显。

这流光溢彩美丽的文字。

我宁愿讲她和王穉登的故事也不想提她和沈德符那段三角恋情。沈德符和薛素素彼此间的感情只是半场而终，他抢先一步娶了素素，可是哪里有携手生活下去的勇气，匆匆散场。这故事记录在《云自在龛随笔》中："后从金坛于褒甫玉嘉有约矣，而未果。吾郡沈虎臣德徐竟纳为妾。合欢之夕，郡中沈少司马纯甫、李孝兼伯远偕诸名士送之。姚叔祥有诗云：'管领烟花只此身，尊前惊送得交新。生憎一老少当意，勿谢千金便许人。含泪且成名媛别，离肠不管沈郎嗔。相看自笑同秋叶，妒杀侬家并蒂春。'褒甫恨薛之爽约及沈之攘爱也。"

还是提一提吧，素素曾经嫁给沈德符为妾。沈德符是江南有名的才子，他的才华虽然齐不上钱谦益之流，但一部《万历野获编》已足够让他留名。他与素素的婚姻，就像镜花水月，两相好，待到情灭时撒手，各生欢喜。

这样洒脱放手的人不是沈德符，而是薛素素。她厌他了，便放手离开他，干脆利落。

我不禁要站起来为这个女子拍案了。

豪爽潇洒真如她。

我这里只想说她和王稚登的交情，原谅我此刻的私心，等不及提起这个日后成为迷局的故事。

我知道薛素素此人，是因着马湘兰，准确来说，是因着马湘兰和王稚登的纠缠，湘兰为王稚登谱一曲，用生命吟唱了对他的爱慕与痴迷，终其一生。可是我不知道这个男子值不值得，我是看不上他的，却不知道为何这两个我爱的女子却同时将他看得这般至重。

沈德符在《敝帚斋余谈》中言："今上辛巳壬午间（明神宗万历九年、十年）聊城傅金沙光宅以文采风流，为政守洁廉，与吴士王百谷厚善，时过其斋中小饮。王因匿名娼于曲室，酒酣出以荐枕，遂以为恒。王因是居间请托，橐为充牣。"他说王稚登是一个虚伪无耻的，生活败坏的男子。

沈先生是大才子，不常说人之过，独独在这件事上，这样直白肤浅，一定是对薛素素太有好感，以致如此。沈德符或多或少带有一些自己的情绪。爱情里，吃点小醋的男人，真是可爱。

王稚登算不上是好人，他虽是当时名重一时的诗人，是"四岁能属对，六岁善擘窠大字，十岁能诗"的才子，但也是逃不过世俗的观念以及看法，他负了马湘兰一生一世情。

他看烟花风尘事，还对冯梦龙说"嘉靖间，海宇清谧，金陵最称富饶，而平康亦极盛，诸妓著名者，前则刘、董、罗、葛、段、赵，后则何、蒋、王、杨、马、褚、青楼所称十二钗也。"这或许是金陵十二钗最早的出处。

165

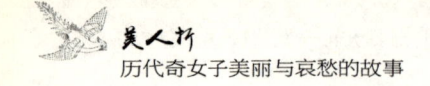

他和《红楼》似乎有缘，那最后传为悬案的脂砚，也是他送给薛素素的，后来以"脂砚斋"为名的人，成为一个红学界谈之又谈的人物。

　　他曾经送湘兰和素素各一砚台，他送给素素的是"脂砚"，砚上刻着"调研浮清影，咀毫玉露滋。芳心在一点，余润拂兰芝"。诗中暗藏着素素的小字"润娘"，他题铭文，上写着"素卿脂砚王穉登题"，满是调情意味。

　　曹雪芹祖父曹寅爱收藏，有人从素素后人手中以三间瓦房换的，传至曹家。

　　自古男子似乎从来不将这些风尘女子看作可以携手一生的伴侣，只当她们是一个作为政治和金钱交易的手段，他们在红尘中买醉，买她们年轻的容颜。有一些身似浮萍的女子在人海飘零，习惯了风吹雨打，亦在这期间学会用伪装保护自己，天涯海角也许都不会遇见一个可以惦念她的人。薛素素便是这其中之一的女子，即使再怎么出尘潇洒，再怎么用不羁将世人融化，再怎么美丽无瑕，在尘世的流转中也是孤独的。

　　红颜是行道迟迟，王穉登给了她温柔，也给她关心以及爱护，但更像是来自一个呵护小辈的长者，何苦许多人将他和她的故事当做一场对手戏。

　　何苦呢，从来，都是路人看着路人在行走，他们只是相向而行相互扶持而已，还未到相互倾诉、相互依傍的地步。

　　或许她自己永远不懂得她是什么角色，被世界选择站在怎么样的规则里，奏响怎么样的旋律。

　　晚年的素素是平淡的，据说她是"中年长斋礼佛，数嫁皆不终。晚归吴下富家，为房老者死"。有些凄凉，让我想起《红楼梦》里惜春那句"独卧青灯古佛旁"的判词。自古的红颜皆命如此，年轻时候寻不到自己的真爱，到年老色衰大概都是以独守和幽怨而终老的,何况她这种可以倾倒万人却无处去觅到可以相持相依郎君的人。她有满腔的夙愿和惆怅,无人倾诉无人会,心事只得隐藏,因为她是表面骄傲又洒脱呢。

总之,她不幸福。我想用一种缅怀的感觉进行冷暖自知的描述,不掺杂任何自己的情绪也许于她也最是公平,可是亦真亦假的她将我搞得难过至极。就如同听着一首外文歌,我懂它的音乐、它的情绪,却始终懂不了属于它的语言。她仿若从远方而来的贵客,我们无法深入与她交流,只能用她的声音告诉我,她那些我无法参透心灵的故事。

梁祝化蝶是来之不易的邂逅,白首不离不是每个人都会遇见。
感情这事,不光是自己好。
还得有好运气。
才女呀。大多数寂寞。

红颜迟暮,红颜迟暮。
可记得,要赏心悦目。

[七章]

余生请你指教

董小宛

她是幸福的，没有被辜负。她就是这般执着认定了就不放手，即使再怎么难，都不离不弃。

壶中日月长，人生真如一梦呵。

我一直以为她就是董鄂妃，是比圆圆更为戏剧性的人物。

总觉得专情的顺治皇帝这一生是为她折腰的，因为她的离世而出家的。

自己对于顺治皇帝由来已久的喜爱就是因为他对董鄂妃这份专注的痴情。古来痴情男子太少，皇帝做情种的更是少之又少。

可是这些"我以为"却被史书轻巧地否定了。

一切传言都是空穴来风，董小宛是董小宛，董鄂妃是董鄂妃。

董小宛的故事，曲折离奇，也平淡至极。

说她的故事，首先我们得说说冒辟疆冒大公子。

《清史稿冒襄传》中如下记载，请原谅我引了这大段的史料，因为冒大公子出现在很多女子的故事中，每一段故事都是主角，所以，我们需要了解他。

冒襄，字辟疆，别号巢民，如皋人。父起宗，明副使。襄十岁能诗，董其昌为作序。崇祯壬午副榜贡生，当授推官，会乱作，遂不出。与桐城方以智、宜兴陈贞慧、商丘侯方域,并称"四公子"。襄少年负盛气,才特高,尤能倾动人。尝置酒桃叶渡,会六君子诸孤,一时名士咸集。酒酣,辄发狂悲歌,訾謷怀宁阮大铖,大铖故奄党也。时金陵歌舞诸部,以怀宁为冠,歌词皆出大铖。大铖欲自结诸社人,令歌者来,襄与客且骂且称善,大铖闻之益恨。甲申党狱兴,襄赖救仅免。家故有园池亭馆之胜,归益喜客,招致无虚日,家自此中落,怡然不悔也。襄既隐居不出,名益盛。督抚以监军荐,御史以人才荐,皆以亲老辞。康熙中,复以山林隐逸及博学鸿词荐,亦不就。著述甚富,行世者,有先世前徵录,六十年师友诗文同人集,朴巢诗文集,水绘园诗文集。书法绝妙,喜作擘"白大"字,人皆藏奔珍之。康熙三十二年,卒,年八十有三。

　　我对冒辟疆没有好感,因为在危机关头他舍弃了陈圆圆。我不知道在他心里面,有没有爱情,从王节到陈圆圆到董小宛,他在她们间不断地游走,却从没真正地驻足去观赏一份心,一份爱情。

　　尽管他后来娶了小宛,小宛完成了从名妓到贤妻的转变,可是他没让她幸福,反倒操劳了半生。

　　一想到她的后来,不忍落泪。总是会想到当年秦淮河畔的冷美人,她绝色的面容和清高的眉目,一切是显得那样出尘和美丽,和后来那个操持家务的妇人怎么也画不上对等号。

　　她是大家闺秀,少时生活无忧。
　　时光荏苒,她的童年和少年划开了巨大的鸿沟。
　　那年的"董家绣庄"是苏绣世家。看苏州水乡女子,安逸地坐在桌前绣着手里的活计,用她纤细葱白的小手婉转得如画师般用针线游走在布艺上,只需瞬息就可以将原本空白的布面绣得巧夺天工,太享受。

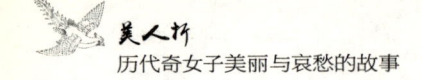

刺绣是需要安逸的心情的，如我般自然不行，我是好动的人，不像小宛那样从小恬适和平静的性情。

董小宛人生的落差应该是从十三岁开始，而不是十五岁。父亲的离世对于一个处在最敏感时期女孩子打击是最深最难治愈的，女儿和父亲相亲，这是天性使然，何况董父是那么温文尔雅知书达理的老者。

董父是一名老秀才，其实我不爱将老秀才作为一个人身份的说明，因着民国时候秀才的迂腐，我总是将这样一个词当作贬义。当然，明清的科举早已经不是当年如唐宋般的模样，它已经彻底沦为权力的附庸工具。朝朝代代的科举都是服务于朝堂，如王安石那样才情政绩一样出众的人随着时间的推移愈发地减少。

董父从小教小宛诗文书画，教她针线女红，将一切的关于女子的美德加诸在她的身上。

我想，彻底改变小宛让她养成"冷美人"性格的因由，是父亲在她十三岁时的离世和后来的两年随母亲郁郁寡欢的生活而造成的。

性格形成就是在这短短的几年间，然而要改变，需要找到一个她愿意为他而变的人。

小宛找到了，这个人是冒辟疆。

女子天性是柔弱的，即使一再遇到不公之事，似乎都学不会反抗，至多在心里抗争，而身体会逆来顺受，加之她是封建礼教下的女子，不懂违抗，只懂得三从四德。十五岁那年，绣庄庞大的债务下，母亲拖着病怏怏的身子告诉她：

她已经做不成高坐绣楼的小姐,她需要担起的责任是自己和母亲的生存。

于是原来唤作董白的小宛便更了名,从此便有了董小宛,入了风尘。

可是她孤高自傲的性格却未改变。即使身在秦淮画舫中,也只是用才情交易,她依旧是那样超尘脱俗。

她这身气质为她迎来一群不一样的客人,座下大都是高洁的文人墨客,他们看上的,是她孤芳自赏、自怜自爱的气质。这其中,就包括了许多既有才情,又有财物和声望的文人雅士,这些人只愿带着些风尘女子在山水间流连,享受自然之情。

小宛是乐意和这些雅致的人游赏那些旖旎的风光的,一来可以还债,二来可以散心,在山水间涌动柔情。

钱谦益是其中之一。

小宛陪他游西湖,看黄山,可能是因着她和钱谦益这段缘分,加之与柳如是惺惺相惜的姐妹之情,后来冒辟疆与她最终才能脱离风尘之地。

小宛写过《秋闺十一首》,我最喜欢其中两首:

一

幽草凄凄绿上柔,桂花狼藉闭深楼。
银光不足供吟赏,书破芭蕉几叶秋。

二

稠烟迷望不能空,满地犹含绿草风。
乱竹繁枝多少意,满园花落忆春中。

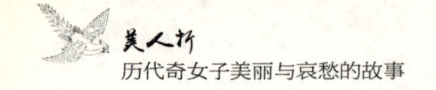

美人折
历代奇女子美丽与哀愁的故事

我是极相信缘分的人，缘分若是未到，即使近在咫尺，也不会发觉。缘分已到，在千千万万人之中遇见，即使远隔千里也可以感受你的呼吸。

冒辟疆对小宛，是过耳听闻却从未见过面的，当时是错过了，但最后却逃不过命运的安排。他曾几次专意上门拜访，从未碰到，却无意插柳柳却成荫，因着与陈圆圆的约定，在命运再次让他失望而匆匆离开时，发现那绿意融融中的人家。

他和她总是错过，却就是在那次，他本该失意地离开时，一段缘分将本来相隔不远的人拉至眼前，让命定的人相遇。

那时的她忧伤难自持，世界上最爱最亲的母亲离她而走，悲情难抑，她当真是孤身了，偏巧遇见了他。在这个她生命最为脆弱的时候，命运让他们见面，他此刻是温润如玉的翩翩公子，是金陵伸张正义的"四公子"之一（"四公子"分别是陈贞慧、方密之、侯方域、冒辟疆，皆年少有才之士）的少年新贵。

她，是他始终想要拜访的美人，是他迂回的心事。

我一直在想，如若他遇见她的时候不是此刻，而是平时——她是捧着茶的冷美人，给他几个浅笑已经足够奢侈，那么他们的往来，会不会就是这样短暂的一面之缘，再无后来呢？

遇见他的时候她是多么孤独，患得患失。那一刻她最需要的就是陪伴，是不要留她一个人的陪伴，只要不停息的将话题错开，她才不至于到穷途末日的绝望。所以她殷殷地将他挽留，所以他们有了一夜的畅谈。我想，她只是怕停下来，停下来就会有无穷无尽的悲伤。

他似一颗悬崖边的稻草，她拼命地抓住，拼命地想要被救赎，可幸的是他的配合,将她的悲伤划走许多,将她从即将要把她溺毙的深水中拉出,在暴风骤雨中出现,让时间戛然而止,在滂沱的雨势中他保护了她不被淋湿,他的影子充斥在她的身旁,让她拥有了多年来从未体会的依赖和温暖。

其实,真的没有他太多的功劳,他只是静静地扮演了一个聆听者的角色,收藏她的发泄,照单全收她的难过,可这个冷美人因着他融化,春态婀娜,只为他笑。

一天的相遇,因一夜的谈话,她跟了他,用他给了自己一份安定。

他微笑着,抱着她,在耳畔问她会不会后悔,她摇头,坚毅肯定,闪动着明媚眼眸。

她伏在他的怀里嘤嘤抽泣,这其中委屈太多,有这些年来被冰包围的躯壳,有独自一人的寂寞,还有她幼小的生命中许多看透的世态炎凉。

她的爱就这样轻易地给了他,坚定、坚持到了生命的最后一刻,她始终爱他如同那日一般。

太年轻。也太真心。

爱情是意外,可她除却爱情之外一无所有,她拥有它,那就紧紧握住它。

她曾经写过《与辟疆咏菊》:

玉手移栽霜路径,
一丛浅淡一丛深。
数此却无卿傲世,

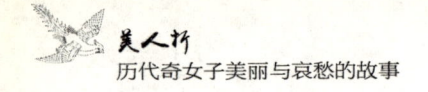

看来唯有我知音。

他们如此这般的幸福只过了一年,来自父母亲的祝福和彼此的痴情延续得十分短暂。

后来,国破了,家亡了,江南熊熊的烟火中,他们保存了生命,却丢失了一切属于他们能抓住的幸福。冒辟疆的健康在这次离乱中丢失,从此陪伴小宛的是无止境的精打细算和细心照顾,她彻彻底底成为了平凡的妇人,秦淮河畔的诗酒人生,似乎已经隔了梦般是前生了。

她就是这般执着认定了就不放手,即使再怎么难,都要不离不弃。

他发热烦躁,她揭被擦澡;他腹痛,她为他揉摸;他下痢,她为他端盆解带;他胃出血,她在酷暑中紧伴枕边伺候了六十个昼夜;他背上生疽,她抱着他让他在自己的身上安寝,自己坐着睡了整整一百天。

这段记述看得我难过,他只给了她一年的爱,她就用她下半辈子回报。当我任性,不懂这爱情,我总是不忍再看后来的小宛,她完完全全不是我记忆中的眉目流转的女子。在他痊愈后,她做了九年的贤妻良妇后安详而终,没有被辜负。

不知道后来冒辟疆会不会想起欠她的幸福,会不会许下誓言下一世找到她给她最好的温柔。其实,小宛是幸福的,带着属于她自己的幸福,因此安详,恍然一世未负卿卿,光景绵长,无怨无悔。

人啊,是不是总会逢着这样一个人,让你为他,洗尽铅华。

顾横波

> 她胜了自己，赢了这个时代冷色系的众生。胜了一年，一世，一份情和一段爱。

有一种迷离得让人望不穿的眼神。

有一种韶华年少，眼传情，眉达意，恍惚而相思醉意迷茫，遇见这样的眼，就堕落了心，秋水一送而盈盈。应了一场劫，趟了一朝美人的故事。

世上不缺美人，如她一般却少之又少，我爱她，因为她醉里流年的眉眼，让风华成为一世的年华，不用俗媚的什么"如远山含黛"之类的言语形容她眼睛勾魂。

红颜多美，要看士子多沉醉。

顾横波既然列入秦淮八艳之一，自然有她奇妍之处，她的楼被称作是"眉楼"，有了横波后，人们都说："此非眉楼，乃迷楼也！"

有了这样的眉眼，什么"庄妍靓雅，风度超群，鬓发如云，桃花满面；弓弯纤小，腰支轻亚"都别再描述。眼是传情达意最好的工具，何况她还有美丽身姿和一身的才气。

她是秦淮八艳中不多的幸福者，她的人生似乎很短暂，只需要聊聊几语，就可以叙述干净。一切那样水到渠成，相思人有意，相思人也有情，他们可以

177

牵手，可以白头，可以做让人艳羡的鸳鸯，可以做最后温柔彼此的谁谁谁。

他们的爱情总会让我想到范成大的《车遥遥篇》。

车遥遥，马幢幢，君游东山东复东，安得奋飞逐西风。
愿我如星君如月，夜夜流光相皎洁。
月暂晦，星常明，留明待月复，三五共盈盈。

善画兰，这三个字让我看得心旷神怡，似乎多情女子总爱兰花，从卞赛、马湘兰到顾横波，甚至李香君，都是画兰的高手，只是香君的桃花扇更为出名，而顾媚那幅立轴的《竹石图》更是士子们追求的上品。

顾横波不是爱风尘的女子，她需要有人给她关心安慰就好。她只是希望安宁地做一个寻常人家的女子，走过月华如水，不要虚度的时光。

她有寂寞，比常人多，比这些世事外的女子少，她想要的仅仅是安逸足够，不求富贵的安逸。

我看她写《忆秦娥》，道不明的幽怨。在许许多多的夜里，或许她就那样安宁地坐着，膝上有闲散的心事和零落的诗句。红烛流泪，洒在寂寞人的身上，她花容寂寂，骨子里也是冷漠。那种无端的寂寞会在夜深人静时袭上人的心头，如果说寂寞是时间里的流苏，那么她们就是寂寞的旁白，如同开败的花朵无奈委屈地瑟缩在冷寂的秋风中，陪伴她的，只有一碗茶汤和冰冷的桌椅。

花飘零，帘前暮雨风声声；
风声声，不知侬恨，强要侬听。
妆台独坐伤离情，愁容夜夜羞银灯；
羞银灯，腰肢瘦损，影亦伶仃。

七章 余生请你指教

顾横波相较于其他女子好命，也许与骨子里那种向上的姿态有关。永远不服从，也始终在向前看着，风月在她眼里只是瞬息的繁华，低吟浅酌间她早看透了这些所谓的繁华，她懂，未来也许会门前冷落车马稀，更何况所嫁的多数人都是'重利轻别离'的。情来情去，有几个人愿意和她们这些出身低微的女子相濡以沫携手到老，何况那是赤裸裸的男权社会，她都懂。

她没有让我如何如何动容的才气，她的才气不及同时代的柳如是或者马湘兰，只是在我认为的时代——这个不适合爱情的时代，柳如是、马湘兰们大多是以悲剧结束，而顾横波却收获了她的爱情，有效期是一生一世。

她得到了多少风尘女子梦寐以求的东西，唱遍了伤悲到头来的福报。

我想，在这个故事里，我们忘记刘芳好吗？他只是她生命中的过客，一瞬间的过客。顾横波曾经送张迎魏的生活在他的甜言蜜语中并未结束，他的支支吾吾，不是她需要的可当作夫君者的言语，把她不明不白地拖着，直到，拖到了她不再需要他的虚情假意。

而遇见他，是一秒钟，确定可以与他相携一生，也是一秒钟。
我想龚鼎孳一定是给人安全感的男子。
我说她得到了爱情，因为她所需的爱情是安宁，是不需要让她抑郁的安定。说白了情来情去就是一场戏，落幕之后就是一个家。

她或许没有青山的明媚，没有绿水的柔波，没有谢家的风骨，可她有勾人的眉眼就好，有她为了自身的积极向阳的执着就好。

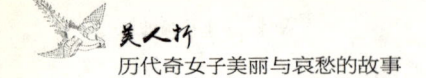

龚鼎孳是新贵,少年得志,谈吐不俗,是她爱的类型,温柔儒雅。她凭栏而立,他挥洒丹青,她的美瞬息映衬于纸面上,眼波荡漾,荡澈他的心。他题"腰妒垂杨发妒云,断魂莺语夜深闻;秦楼应被东风误,未遣罗敷嫁使君",赞她的美,赞她的媚,充满怜惜与爱意。

感情一旦升温,本该有的回应心照不宣。他是聪慧的,懂得日日前来,让她一点一点明白自己的心。她亦是冷眼旁观,却无法藏住心中情字种种。

烟火,抵挡不住时光的灰烬,美人迟暮是周到,街门口的角门是时光的记录者。

红颜真的是怕时空,愈是长得好的美人,最怕日渐迟暮,许多东西留不住,所以拼了命地跟时间赛跑,不论相思的长短,只道春光尽瘦。

缘分是不容易清化的,世间种种在一定的时刻,有一定的执着。他此刻是多么留恋她的美,而她的心也早已经被他俘虏。于是,她嫁给了他,在他和她相约一年后,她成为他名正言顺的妻。

情至此,歌至此,她的人生,精彩完美,即使为之死去,她亦是幸福的。

每个人有不同的追求,美妙的天长水阔,不幸的穷山恶水。她需要的不是闲适而是浓稠的生活,只有紧紧跟随人生的步调她才不足以空虚。爱情对如牡丹花雾一样的气氛,是需要去赏析、去经营的。

人世宿命也是轻言疏同,只要有了目标一切都是简易的秋水,触手可及。怕就怕有些人不愿意伸手,生活从来都是公平的,只是对她更为优待。

生死契阔、无微不至的誓言,能够黯淡那些年秦淮河畔的温柔。风是急切的,她的欢喜生于罅隙,转眼间就开得遍地。

她真幸福。

顾横波写诗的立意总是异于别人的,我心神荡漾,因为那年她们众姐妹可以一起吟诗作对,像红楼姐妹们一样雅致。横波做的"咏醉杨妃菊"总会让我想到黛玉那句"出浴太真冰作影"。

一枝篱下晚含香,不肯随时作淡妆。
自是太真酣宴罢,半偏云髻学轻狂。
舞衣初著紫罗裳,别擅风流作艳妆;
长夜傲霜悬槛畔,恍疑沉醉倚三郎。

词意绵绵,她并不会好好地叙事。
是想到了他呢!想到他和她的相遇,想到他会不会做她的三郎。她为他舞,为他吟唱,做太真和三郎似的神仙眷侣。诗中有深夜的思量,有哭泣,也有幻想和小浪漫的放大。这是女子特有的思维和感动,过了年纪,也许是觉得稚嫩,可这也是少女爱情中难能可贵的心思。

她记得,一步步颠簸路途,难得是有他始终的陪伴。她的感情吝啬,但不冷漠的,她只是简简单单想要过普通的生活,对于她而言普通生活即是奢侈。
生活,是年复一年的选择题,答案永远是扑朔迷离,过分计较轧不平人生的账,往往什么都留不住。
患得患失不是她的姿态。

李自成攻下京城,世间即刻成为了清朝的天下,这都是些许时光的事,他做了礼部尚书，从明至清，两代为臣。许多事都变了，她依旧不变是他的妻，是他的爱人。

她更了名，应该说摒弃了原来的身份，用了"徐善持"做她自身的姓名，她后来是进士夫人，是兵部给事中的夫人，与以往的欢场断绝一切关系，这是她一直以来想要的，亦是始终不尽追求的。他们的日子是充满情趣，春风满面，人生富润。

这样的结局真的是好完美，安安稳稳的日子，安安稳稳地过了一辈子。她这一生，由一个身份变成另外一个身份，脱胎换骨。

她做顾横波做得完美，通晓天文工于诗词，她的眉楼是风雅的代表。

洗尽铅华，她做徐善持是美丽大方的夫人，做得幸福而沉醉。

这样真的是美丽，一身灵气被她发挥得淋漓尽致。她真的是没有什么可以后悔，没有什么值得再去追求的。安详而美丽，这个女人，用她的聪慧做足了自己的追求，也用自己的才智，获得了一个女人平凡的幸福。

时光不断地消逝，他的情越发地真诚。他习惯用沉默对待流言，用真爱证明蜚语。

康熙三年，他们夜月泛舟，犹如初识，这是最后一个关于她的记载，满头银发的她在他安详的注视下离去了，有满足而充实的笑容。

她胜了自己，赢了这个时代冷色系的众生。胜了一年，一世，一份情和一段爱。

和你相携相伴一生，是我能够想到的，最美好的一件事。

周蔷

他们曾经的日子多美好啊，那个只有他们两个人的美好生活。只是此后，她再也不会苏醒。

年纪尚幼的时候，就已经将娥皇女英与李煜的故事烂熟在心里，我知道是骨子里阴柔的因子作祟。可是少年不识愁滋味，只是觉得她们的故事好美，美得在心底里荡漾，一荡十几年。

我内心的李煜，一直是年少时候的旧年模样，他是华美的大唐后主。他生命中，有那两个角色动人、风情万种的女子。

夜色深沉，宫闱安静，挑着灯的太监俨然睁不开眼睛，灯笼突然落地，化成了一抹灰烬。如同爱情似的，覆水难收，心花落地，心堤就毁了。

他的眼前，早已经没有了亮度，一切的黑暗如同恶魔，让他扼腕神伤，让他不能抵抗。

夜空没有半点星星的点缀，昭示着这个不眠的夜难以入睡，他呢喃着："娥皇，是我的不对，可是，请你不要离开好不好？"他像是丢失心爱物什的孩子一样，委屈难过。是的，他丢了自己最心爱的女人，因为自己爱上了她的妹妹。

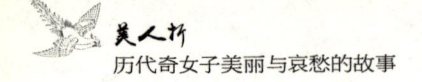

她终于走了，在他的怀里走的，他所能给她的只是仅剩下的一丝温暖。

娥皇，对不起啊。

不知道在她生命的最后一刻，会想到什么呢，会不会想到他们的曾经，从相遇到相知一点一滴的曾经？

那年，他还是太子，她是周蔷，她如同她美丽的名字一样娇俏美好，眉目碧波荡漾，如秋水之湄的荻花。

初识，是在她家的府上，两个人因为当朝重臣的周蔷父亲和李煜的父皇见面所缘见。

周宗，这个当时朝廷的重臣，叫他的女儿弹琴，太子坐在殿上，凝神静听，她抱着琵琶，脸上藏不尽的浓得化不开的羞涩，冉冉婷婷的行礼，浅笑从容，不失气度。

远而望之，皎若太阳升朝霞，近而察之，骨象应图画。

她娇滴滴，融掉了他的心。

他被她所征服，仅仅是一瞬间的事情。

……

而此刻，他的眼睛紧紧盯着怀中尚温的女子，她的面如同旧日，头发梳的是双环高鬟，翘鬟云朵——这是她创的发饰，曾经引来无数的效仿，只是此后，她再也不会苏醒。

他们曾经的日子多美好啊，那个只有他们两个人的美好生活。

他们在一起为后人所津津乐道的便是修复《霓裳羽衣曲》，她为他翩翩起舞，红衣落地。地下丝滑的毡子随着轻捷的舞步旋转，霓裳轻盈，水袖中浮现她美丽的容颜。

轻歌，曼舞，笑语盈盈旋转，侧身，娇美无限。

金钗随着头发的倾泻，从发髻上滑落，丝丝心动。

舞罢无力。她依偎在他的怀里，胭脂香，华容俏丽，香薰弥漫他们的身边，她借酒撒欢，刚才梨花带雨的舞动，此刻嫣然如花的绽放。

她媚，媚得婀娜。

红日高升，君主不愿早朝。她的任何情态，任何言语，她的一颦一笑，她的一举一动，让他觉得拥有了最美好的东西。

幸福，流经心田。

此刻，身为帝王的他，美人与江山，他尽有。

少年时候多么得意，纵情高唱，夜夜笙歌，他们生活的主旋律如此。

一个男人这样爱一个女人，已经难得，一个皇帝这样爱一个皇后，实属不易。

红颜啊，不是祸水。我想即使在亡国的一刹那，他所责怪的，也只是自己的愚昧，而不是声色的过失。

人生，不可预知的环节太多太多，我们永远无法想象下一秒将会有怎么样的故事发生。许多东西，穿插在生命的间隙中，让人无法捉摸，心痛不已。

太医跪了一地，让皇上节哀，匆匆赶来的周薇，扶着门框。

此刻，世界上她最亲切的亲人离她而去，她掩面，痛哭一场。

毕竟，离去的是她的亲姐姐，那样友和、慈爱的亲姐姐。她们不是飞燕合德，彼此关爱，不忍伤害。

可是爱情这件事，自私极了。

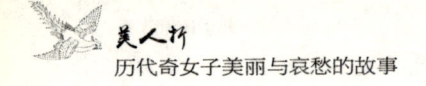

她还是伤害了姐姐。

他哭了，泪水砸在她冰冷的脸上，打湿了他们之间十年的感情。

她的病，从一开始就注定了他们不能再白头偕老。

当时，她病了，他牵肠挂肚，日夜守候在她的床榻，关怀备至。他为她端汤送药，他似乎不是南唐的皇帝，俨然是爱妻子的民间丈夫。嘘寒问暖，痴人痴语，只是希望她能够好起来。

他想念往日妩媚娇柔的蔷儿，她是他时时刻刻的牵挂。

秋景萧瑟，在去光政殿的路途上，看到菊花怒放，松柏挺立，枫叶红醉，北雁南归。他哀伤，为她作《后庭花破子》，他希望，她和他青春长驻，重回往日的欢歌笑语：

玉树后庭前，瑶草妆镜边。
去年花不老，今年月又圆。
莫教偏，和花和月，天教长少年。

坐在轿上，他想她，想到她精彩绝伦的舞姿。

那天，觥筹交错，满殿辉煌景象，但是没有人盖过周蔷的风采。她步履轻盈，美得妖娆，她就是舞的精灵，响遏行云的《霓裳羽衣曲》让她表演起来美得淋漓尽致，鼻间充斥着百合香味，唇边是樽满酒醇的撩人。烛光声剥剥的响，迎着月光，丝竹袅袅，月光撒在身旁，星光化在眉间。她真美，无时无刻不光彩明艳。

晚妆初过，沉檀轻注些儿个。

向人微露丁香颗,一曲清歌,暂引樱桃破。

罗袖裛残殷色可,杯深旋被香醪蚛涴。
绣床斜凭娇无那,烂嚼红茸,笑向檀郎唾。

周蔷唤他,在他身后唤他,对着他苍凉的背影。
他回身,似乎听见周蔷唤他的声音,迎面而来的是她的妹妹周薇——那个他根本不该去爱的女子,当然,也是后来陪着他走到生命尽头的女子。
他掩了面不去看她。
沉默有时候是逃避,有时候却也是解释。

他内心的悔恨与羞愧如浪涛汹涌,床上那个比他大一岁的女人的尸骨已经不再温热。
她的离世,他有一半的责任,因为身后的这个女子。

那是在周蔷生病的那段日子里,周薇进宫探望姐姐,十四岁的她已经出落成袅袅亭亭的少女,宛如出水芙蓉,阆苑仙葩。
我喜欢那个赤子之心的李煜,因为他什么都敢说,包括这段不得见光的爱情。
当时他提笔,似醉似痴,写下《菩萨蛮》、《蓬莱院闭天台女》来记录他和小周后的相遇。
他分明是那个为着周蔷辗转反侧的男子,可转身却爱上了这个叫周薇的女子——她是自己妻子的妹妹。
周蔷怎么会接受啊!那个时候,无穷无尽的千言万语交汇在他们的眼中竟

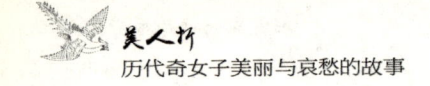

无言。

是该有多绝望啊，知道这样的消息她该有多绝望啊。周薇是自己的亲妹妹，李煜是自己的丈夫，至亲至爱，却合起来，背叛了自己。

这世界，这世界，当真有这样荒唐的事情。

爱情世界里，哪有什么娥皇女英，真正爱上了，谁不是自私得要命呢。

可周薇翩翩进入他的生活，进入了他们的生活，那首人们耳熟能详的《菩萨蛮》，就是他们背着周蔷偷欢的乐词。

花明月黯笼轻雾，今宵好向郎边去！
衩袜步香阶，手提金缕鞋。
画堂南畔见，一向偎人颤。
奴为出来难，教君恣意怜。

周薇明明是享受着这样的爱情，李煜也是。

他们享受着偷情的欢愉，天真得以为只要彼此一言不发，就瞒得住周蔷。可这些艳词，入了宫人的耳，传唱开来，就成为一望无垠的恨绵绵。

她始终没有问过他。

可是不代表她真的不知道。

有时候，许多话问出口，感情就再也收不回来了。

这几天，反复在看的一部电影叫《午夜邂逅》，故事就发生在午夜，短短的几个小时内，一男一女，互诉衷肠。女人哭诉丈夫出轨，她看到了丈夫和他人的邮件往来，气得留书走掉，她说，当自己坐在酒吧里的时候，她突然想通了，自己是爱自己丈夫的，她愿意给他机会，她想回家，扔掉枕头上的那封信，

七章 余生请你指教

她想装作什么都没有发生过,她想要这份爱情,她想维系这份婚姻。

女人啊,盼望着白发齐眉,男人啊,游历过的风光都可以抛弃。

女人如此卑微可怜,爱得可怜!一旦爱上了,原则什么的都统统抛弃,爱呀爱呀,就是不问原则。疯狂就疯狂,临危熄火,有几个人能理性如此。

周蔷病逝,对她而言,无疑是解脱。

否则,要怎么熬过漫漫长夜,要怎样,强装应付,两个至亲至爱的人。

从历史的角度看,其实有时候想,在三者中恰恰只有娥皇最是幸运,她不必做那个亡国君主的身边人,不必流尽眼泪陪在一个伤心男人的身边。她的一生,身边充斥着舞衣华贵与筝琵丝竹,她是贵气的,举手投足之间依旧带着那个繁盛的大唐女人走出来的风采。

而周薇不是,她的出现注定让她背负许多许多,那削弱的身躯上压着许多无能为力的重担。国人的议论她可以不顾,可是她深爱的男人骨子里依旧荡漾的是姐姐的音容笑貌,是姐姐的影子,这也可以当作次要,可是他不快乐,一点也不快乐,这才叫她难过。这是她选的路,她陪着他。

繁华谢幕,唐王朝从历史的舞台退场,宋军的铁骑踏上大唐的土地,那一刻,他手中的笔滑落,落在他未曾完成的诗作上,将它们涂上浓浓的墨点。

舞停了,人叛变了,乐手走了,将士没了。最后,陪伴他身边的,是她,也只剩下她了。

时间匆匆打他的面前走过,那个和他共度美好时光的娥皇和江山都已经不在,赵匡胤皇袍加身登基的那一年,一切都没了。

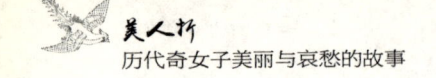

四十年来家国，三千里地山河。

凤阁龙楼连霄汉，玉树琼枝作烟萝，几曾识干戈。

一旦归为臣虏，沈腰潘鬓销磨。

最是仓惶辞庙日，教坊犹奏别离歌，垂泪对宫娥。

人生如梦，梦到头来皆是空一场，朱栏繁华，酒不再似旧日的醇香。如今，能给他真实感的只有她。

她所爱的，只有他。

所以即使有更好的选择，她依旧选择陪伴在他的身边，相依为命，天上人间情一诺，情到难时才显得越发珍贵。

也让人，不再那样讨厌她。

没法喜欢上周薇与重光的爱情，可是又能容自己忽略，因为她给了他最完整的爱。如果说周蔷的爱是游戏，是放纵，是激情，是美丽动人，那么周薇的爱是陪伴，是照看，是与他一道垂泪到天明。

哎！荒天又赤地呵。

春花秋月何时了，往事知多少。小楼昨夜又东风，故国不堪回首月明中。雕栏玉砌应犹在，只是朱颜改。问君能有几多愁，恰是一江春水向东流。

一首词，一樽清酒。一生便草草收场。

那《霓裳羽衣曲》的繁华，是值得一生的守候，相思成灰。

在他离开之后，小周后茶饭不思，以泪洗面，经不起愁苦的她，随着他同一年离开。

七章 余生请你指教

流水到底随着落花而去,天上人间他们留给人无数的遐想。

相许白头的她,和生死相随的她。
你不得不承认,一个人,或许真的可以爱着两个人。
此情啊此情,此情可待,成追忆!

[八章]
春蚕易感化，丝子已复生

卓文君

她这一生似乎都在与命运博弈，次次豪赌，用自己当赌注，却次次赢得钵满盆满。

如果，白首从来不相离，会如何呢？是不是就如同大多数平凡的夫妻一样，不说相濡以沫，只谈与子携老呢？

似乎，许多才女的人生都是"知交半零落"的——不论是前行的道路还是爱情，总是会有莫名的阻力阻挡，她们比常人多了一份才华，却要为此付出得更多。是不是常人更好呢？始终可以执着一个人的手，长相厮守，但或许正是因为她们的长相守无人会意，我们才一度认为她们是幸福的。

理想的爱情总是心无旁骛的，却忘记了每个女子的内心其实都有一腔坚守爱情的火，才女只是找到一种更好的方式将她喷发，引得世人皆知。可是没有才识的女子并不代表述说不了她的孤独，比如陈阿娇花千金找司马相如代笔《长门赋》凭吊她的爱情。

夫何一佳人兮，步逍遥以自虞，魂逾佚而不反兮，形枯槁而独居。言"我朝往而暮来"兮，饮食乐而忘人，心慊移而不省故兮，交得意而相亲。伊予志之慢愚兮，怀贞悫之欢心，愿赐问而进兮，得尚君之玉音。奉虚言而望诚兮，期城南之离宫。修薄具而自设兮，君曾不肯乎幸临。

廓独潜而专精兮，天漂漂而疾风，登兰台而遥望兮，神怳怳而外淫。浮云郁而四塞兮，天窈窈而昼阴，雷殷殷而响起兮，声象君之车音。飘风回而起闺兮，举帷幄之襜襜，桂树交而相纷兮，芳酷烈之闾闾，孔雀集而相存兮，玄猿啸而长吟，翡翠胁翼而来萃兮，鸾凤翔而北南。心凭噫而不舒兮，邪气壮而攻中。下兰台而周览兮，步从容于深宫。正殿块以造天兮，郁并起而穹崇。间徙倚于东厢兮，观夫靡靡而无穷。挤玉户以撼金铺兮，声噌吰而似钟音。刻木兰以为榱兮，饰文杏以为梁，罗丰茸之游树兮，离楼梧而相撑，施瑰木之欂栌兮，委参差以槺梁。时仿佛以物类兮，象积石之将将。五色炫以相曜兮，烂耀耀而成光。致错石之瓴甓兮，象玳瑁之文章。张罗绮之幔帷兮。垂楚组之连纲。抚柱楣以从容兮，览曲台之央央。白鹤噭以哀号兮，孤雌跱于枯杨，日黄昏而望绝兮，怅独托于空堂。

悬明月以自照兮，徂清夜于洞房。援雅琴以变调兮，奏愁思之不可长，案流徵以却转兮，声幼妙而复扬，贯历览其中操兮，意慷慨而自昂。左右悲而垂泪兮，涕流离而从横。舒息悒而增欷兮，蹝履起而彷徨。揄长袂以自翳兮，数昔日之愆殃，无面目之可显兮，遂颓思而就床。抟芳若以为枕兮，席荃兰而茝香。忽寝寐而梦想兮，魄若君之在旁。惕寤觉而无见兮，魂廷廷若有亡。众鸡鸣而愁予兮，起视月之精光。观众星之行列兮，毕昴出于东方。望中庭之蔼蔼兮，若季秋之降霜。夜曼曼其若岁兮，怀郁郁其不可再更。澹偃蹇而待曙兮，荒亭亭而复明。妾人窃自悲兮，究年岁而不敢忘。

可毕竟假他人的手，这情话，便变了味道，何况，那司马相如男子，是同刘彻一样的男子，任他笔底婉转深情，也只是给后人提供玩弄的谈资。阿娇所期待的爱情，只是心无旁骛地去爱一个人，同时对方也要爱自己。

司马相如怎么能懂。

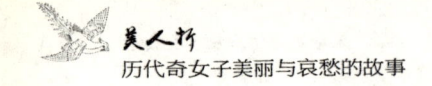

这多么讽刺，偏偏找到了相如做她的枪手，找一个在爱情中偏轨异途的男人做枪手。

司马相如和文君的故事是传为良久的，我因认同他的才华从未将他纳入负心汉的角色，我喜欢他浩浩荡荡的《上林赋》，盛赞帝王的气魄，文藻华美，是汉赋中的翘楚。还有同样光辉的《子虚赋》，我喜欢其中的诗句，总会让我想到月下沉吟的孟德。

月夜泛舟兮，横卧江心；
与影同醉兮，美于江景。
皓月高悬兮，四方空亮；
舟旁落月兮，击之不碎。
午夜起风兮，飘飘起舞；
浪欺孤舟兮，仰天长啸；
青龙出鞘兮，剑搏寒风。
寒风酷烈兮，催舟却步；
剑法狂劲兮，招招破风。
寒风旋走兮，剑亦已醉。
对酒当歌兮，啸傲江湖。

司马相如与卓文君初相识的时候，尚是潦倒书生，他用一把梁王赠他的绿绮琴弹了一曲《凤求凰》。

她新寡居家，他洋洋洒洒地表白，琴音一出，像是拉亮了电灯，她的心豁然明朗。

八章 春蚕易感化，丝子已复生

那就走吧，管他去哪呀。

她与他夜奔。

琴书雅集都抛下，当垆卖酒又何妨，只要有你。

她抛下千金之躯，当垆沽酒，他放下文人豪客的架子，跑堂端酒。他们在卓府的门前，将这份爱情修成正果。本来就是别人不看好的一对，因着他们彼此的坚持和努力，终于等到可以让别人另眼而看的时候，但是，另一个她，来了。

他此刻是堂前的宠臣，《子虚赋》为汉武帝所欣赏，他拜官荣归，一时风头无二。男人在高位上是不是都会迷失呢？尤其是凭靠自己努力上位的男人，一旦跃居高位，自信心的膨胀和满足让他彻底地改变，喜欢赞扬，喜欢别人无穷无尽的吹捧。

她来了。

带着她的轻歌曼舞，娇滴滴地赞扬他，她用婉转的歌声融化他的坚定，用笑容迷离了他的爱情，他用情，他忘我，忘记身后自己曾经要白首不相离的女子，任她对他的呼唤，他只当那是顺耳的空气，连捕捉讯息的步骤都省掉了，任它呼啸而过。

我想，他应该是不敢去看她的眉目的，她眼中婉转的情会将他打回原形。

所以他踌躇，仍然去信问她可否纳妾。

车子出轨，把这段感情抛下山谷。

她看着他给她的"一二三四五六七八九十百千万"，唯独无"亿"。她懂君心淡漠，是没有忆了。

车祸人重伤，连悲痛的时间都没有。

此刻的文君是冷静的，这是才女往往不同常人的地方，她没有跪地哀求，求他施舍他的爱情，没有哭着让他回心。

她太懂这个男人了，她知道他需要的是旧时蔑视的目光统统变成高不可攀的仰望，所以当呢喃软语充实着他内心时便无限满足。文君知道自己只是需要一份爱情，一份像原来一样美好而平静的爱情，所以她巧妙地回避了本身的问题，从爱情入手。她知道他只需要轻轻点拨，就可以换回旧时的爱情，顺带挽回一个如旧日的男子。

她明白，快感于他是一时的，性情永远不会随着时间的改变而变。文君巧妙把握住了时机，松了松戴在他身上枷锁，就将他带回，甚至心都还是属于她的。她的文是这样写的，比他那样期期艾艾更加明了，似乎真的甩开手，走得潇洒的样子：

一别之后，二地相思，只说是三四月，又谁知五六年，七弦琴无心弹，八行书无可传，九连环从中折断，十里长亭望眼欲穿，百思想，千系念，万般无奈把君怨。

万语千言说不完，百无聊赖十依栏，重九登高看孤雁，八月中秋月圆人不圆，七月半烧香秉烛问苍天，六月伏天人人摇扇我心寒。五月石榴如火偏遇阵阵冷雨浇花端，四月枇杷未黄我欲对镜心意乱。忽匆匆，三月桃花随水转。飘零零，二月风筝线儿断，噫！郎呀郎，巴不得下一世你为女来我为男……

她的才情丝毫不逊于他，她是"噫"，是感叹，她告诉他，她明白他的心意，她在嘲笑他。她还有首诗，写得更加明白。

皑如天上雪，皎若云间月。

闻君有两意，故来相决绝。
今日斗酒会，明日沟头水。
躞蹀御沟上，河水东西流。
凄凄复凄凄，嫁取不须啼。
愿得一人心，白头不相离。
竹竿何袅袅，鱼尾何摆摆，
男儿重意气，何用钱刀为？

我想，她的心里是明白的，在适当的时机，需要给他适当的告白，你若不希望我纠缠你，我就不会纠缠你，我这一生只希望能够找到一个可以白首偕老的男子，若你不再回头，你我相忘，不必浪费彼此的华年。

潇洒又绝情，似乎真的可以做到"此处不开心，就不在此处死守，换他处开心"。

他自不会长诀。

我想文君早已经猜到了这样的结局，她是那样从容地做一场博弈，可她有自己的坚定坚持，所以在诗后附了一段文字："春华竞芳，五色凌素，琴尚在御，而新声代故！锦水有鸳，汉宫有水，彼物而新，嗟世之人兮，瞀于淫而不悟！"她气犹未平，随后再补写两行："白头吟，伤离别，努力加餐勿念妾，锦水汤汤，与君长诀！"

写得多干脆，她当真没有留恋？朱弦断，明镜缺，朝露晞，芳时歇，这是多么伤人，就这样了断了？在他们的感情中，她聪慧，一边告诉他"锦水汤汤，与君长诀"，一边告诉他"努力加餐勿念妾"，她爱他，她清清白白告诉他，表白了自己的深情，也发泄了自己心中明确的不满和怨恨。

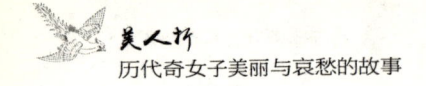

一个巴掌，一个甜枣，给得恰到好处。相如情意翻滚，当下回信"诵之嘉吟，而回予故步，当不令负丹青而千白头也"。

她赢了，赢回了相如的心，发泄够了内心的怨恨，自此他们的感情再无差池。

不知道为什么我内心一直觉得相如是爱文君的，而且爱得很深刻，这种感觉从看他们的故事第一样开始，我一定是忘记了什么细节，努力地翻腾自己的记忆，蓦然想起，这个略带口吃的男子，当年是他求了她呵，怎么会忘记呢，忘记绿绮的琴音呢。

此刻，我的耳边循环播放的是《凤求凰》的曲子，我不知道当年那段爱慕的琴声，是不是聪明的相如巧妙避开自己口吃的缺点而使然，用琴声传情达意，用词序博得了美人的一点芳心。

> 凤兮凤兮归故乡，游遨四海求其凰。
> 时未遇兮无所将，何悟今夕升斯堂。
> 有艳淑女在兰堂，室迩人遐毒我肠。
> 何缘交颈为鸳鸯，相颉颃兮共翱翔。
> 凤兮凤兮从凰栖，得托子尾永为妃。
> 交情通体必和谐，中夜相从别有谁？
> ……

如聆仙乐，在俗世人的耳里这是让人"耳暂明"的曲子，可多情如她，有一颗超脱俗世的心灵。

八章 春蚕易感化，丝子已复生

有一种人，彼此可以看到双方的心，只需要简单的眼神，细微的动作，这种人是同类，有一种磁场将他们相互吸引，伴侣也好，玩伴也罢，再怎么伤心开心，彼此间心思明了，可以轻巧化解隔阂，这是天性的默契。即使后天修炼多少年，若没有那份灵性，便永远不会和你相合。

曾经看到过一篇文章，是讲杨绛和钱钟书的故事，故事的开篇就有那么一段话，大抵的意思是才子的眼中会流露出一种光芒，才女有一种精准的眼光看得透这份荡漾，在千千万万的人海中，一眼就可以看到你。钱、杨二人彼此间第一句话是"我未婚"和"我未嫁"。多么有默契，看得我心驰神往，他们一生一世未曾离弃。我猜相如一定也是有这样一种散发在眉眼间蓬勃的英气可以让文君心生爱慕。

他们的爱情几近完美，若没有那年，当真是一场举案齐眉的风光大戏。文君这一生似乎都在与命运博弈，她当垆卖酒，赌父亲对她的疼爱，她随他私奔，赌他一身的才华，她作《白头吟》与他长诀，在赌他对于她和他之间的爱情是不是有如磐石无转移。她次次豪赌，用自己当赌注，却次次赢得钵满盆满。

这个女子用她一颗清晰的心，永远抓住事物的利害，手里操纵着王牌，在她的赌局里肆意而行。细读她的一方尺素，上面每一个文字都是她细心研习和精心排布的，她了解自己的男人，一早起就把握住了他的命门，这样便会无所不胜。

我最是欣赏她的，就是她关于"他是爱我的，只是迷失了本心"的肯定，文君用她自身赌他的忏悔，去赌她可以将他带入彼时的美妙，他就真的后悔了，抛下了一切去找这个世界里知他心事的女子，他对她说"白首不相离"，就不再分开。

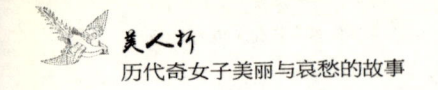

有瑕疵的爱恋，她的决绝，让荒芜的心骤然苏醒，耿耿又能何如？还不是要看透生死，重拾爱情的安宁。

这场爱情本来美丽如华锦，这场风波似不小心粘在上面的油污子，洗不掉，镶在上面，十分明显。

悄悄走掉的是情人，留下的是正式配偶。

他确定，此生不能与她长诀。荣华谢后，我们同在，岁月静好。

君不见豪富王孙，《货殖传》中添得几行香史；停车弄故迹，问何处美人芳草，空留断井斜阳；天涯知己本难逢；最堪怜，绿绮传情，白头兴怨。

我亦是倦游司马，临邛道上惹来多少闲愁；把酒倚栏杆，叹当年名士风流，消尽茂林秋雨；从古文章憎命达；再休说长门卖赋，封禅遗书。

苏若兰

文静若兰，只是输掉了爱情，掉进了一段不幸福的哀伤里。一如当年，一般寂寞。

她是我认定的女子，这样的女子才是真正可以被叫作才女的女人，不像谢道韫，一句"未若柳絮因风起"立时成名，但也仅此而已，颇有些后力不足之势，我是瞧不上谢的。

若兰从千年前走来，缠绕住我的思维，随手翻开手边的书，心里面却一直想着她。低头看见自己翻到的一页赫然有一句"与君初相识，犹似故人归"的诗，觉得分外感动，像我和她的缘。与若兰初相识，便觉似故人归的亲切。

也许是因为她是家乡的女子，即使远隔千年，我依旧可以嗅到她身上熟悉的味道。我与苏若兰，早已经不是初识。

小学的时候，就在家乡见过她的《璇玑图》，这些天又被朋友提及，让她左右我的思维，别无念想。

让我来安静地写她，苏若兰，她给了我入骨的感动。

关于大一统前光怪陆离的时光自己总是想避开不提，我不爱提乱世，那个年代的时光错杂，但魏晋风骨遗存却显得可爱，总有一些让人不得不提及的人物。比如谢安，比如恒温。这一段历史错乱得犹如三国鼎立，关中一带是氐族苻氏的前秦，潼关以东是慕容氏的燕国，长江流域为东晋之地。历史上，没有哪个世道乱得如此耀眼，将相云集，人才济济。只是少了如同《三国志》《三国演义》的书诠释，可它的精彩，毋庸置疑。

看一部十六国史，皆因为一个"乱"字祸国。西晋若是不乱，五胡乱华的时代就不会来临，亦没有后来的晋氏南渡；前燕不乱，也没有后面的苻坚灭燕，于淝水之战后局面成为高潮。我欣赏苻坚，因为他的宽容仁心，可帝王若存宽容之心，尤在乱世时候，定会因其仁厚而招害。

乱世之下，得天下者，定不能心存善意。假如苻坚对前燕东晋的降臣再心狠手辣一些，乱世之后的一统，很可能是他的时代，绝对不是隋文帝。

我一直觉得，乱世下的天下，将相打拼的故事不要看得仔细，因为越看越是伤人。一片风烟战火，劳心伤神，看得悲怆，惨兮兮，所以自己看乱世看英雄，不问因果，只愿意看真名士，还有——她——这样如山茶般的女子。

这个女子仿佛和时代就没有关系，可以随意放在任意时代，她的故事，若放在西汉，他和她就成了司马相如和卓文君了。当年，文君一曲《白头吟》与诀别书让相如回信"诵之嘉吟，而回予故步，当不令负丹青而干白头也"。

卓文君的负心汉是西汉大文学家司马相如。苏若兰故事里的男主角叫窦涛。窦涛没有司马相如的才华，我觉得他是配不上苏娘子的，可感情的事，从来都不是可以让人连线的游戏，月老那根红线，绑的人不由自主，身不由己。

若兰织回文锦，织得肝肠寸断，这边一个人把轩窗望断，他乡二人却凭栏饮酒，自在快活，自古从来都是这样的痴心女子负心汉。从《诗经》中《氓》

里面的那个负心汉到陈世美，中间跨越千年，可见，文学长青的负心痴情的主题永恒不变。

我们相信爱情，相信罗密欧与朱丽叶，相信梁山伯和祝英台。但我只相信祝英台爱梁山伯可以爱到去死，爱到可以跳进他的坟里，与他共赴黄泉，可我绝不相信梁山伯也可以。她可以抛弃家庭，抛弃名望，抛弃自己的所有，可是如果历史将时间打个轮回，山伯会吗？他爱英台矢志不渝的方式最多会终身不娶，因为他有娘亲，有功名，他没有扑入墓室的勇气，他的爱始终没有英台爱他的深刻。女子重情，却总被情爱所累呀。

女子爱起来，许了一生一世就真的可以当作天荒地老，她们不知道，那些说过的山盟海誓，只是让女人等候的，多是没有过过心的情话而已。男子一旦情事上拖累，再怎么优秀，也是不堪。才华横溢如李益，因为霍小玉，也不容易被人喜欢。

比起那些苦候一生的女子来说，我更喜欢那些风尘女子，因为她们敢爱敢恨，一旦爱了，拼死也要爱一场，爱得惊天动地，比如步非烟。但是还有一些睿智的女人，她们懂得把握时机，学会掌握方法，用自己的才华抓住男人的心，让他们永远固守在自己的身边，比如苏若兰。

苏若兰是大家闺秀，将女子那套温柔贤惠学得好极。在对待爱情上，也用温柔的方式。她没有追到窦涛的面前去质问，像庸妇一样当街撒泼，只是用一种女子织锦的方式，用五色的线织上了自己的爱恨，将一颗心灵赤诚地放在他的眼前让他看，你看呀，我这些难熬的年年岁岁、日日夜夜，是怎样度过的！

你纵情声色潇洒郎君，我在家里望断轩窗盼君归啊。

想当年阀门集会你英雄，我美丽。你射飞燕、穿池鱼，我欣赏你的英姿，我爱慕你的容颜。你提亲上门，我回绝了所有豪门贵族，只愿意倾倒你的心，嫁给你这个右将军之孙。你是英勇的，你是帅气的，你眉目清秀，你豪气勃发，我为你歌唱，为你曼舞，为你抚琴。你说你爱我，我以为，你爱我和我爱你是等价的。

可是什么时候这架天平折倒了呢？大概从她来的那天起吧。我讨厌她，没有哪个女人愿意同别人分享自己的爱。她轻歌曼舞，娇声嗲嗲，她莺语连连，柔媚莞尔，她轻启朱唇，勾走你的魂，她甜得融化进你的心扉，甚至，融化掉我在你心口里的影子，从此，你围着她的身影旋转，在任何时间，任何地点。她成为你如影随形的影子，即使你去他乡，她成为你的家属，我独守你的旧宅。

我守着你对我说过的海誓山盟，但眼前总是你和她的身影飘荡在空荡荡的大厅；我守着你说过的山盟海誓，但似乎已经想不起我们在一起的时光。太远了，太遥远了，你把我放在幕后，我是你幕布后面想不起的爱人。

赵阳台，是窦涛和苏若兰爱情故事中的那个插入者，我相信她对他真心真情，只不过，一代一生一双人，男子多好色，赵阳台成为这个故事最后的牺牲者。在这场争夫的戏剧中，她处于台下，扮演着一个配饰的角色。等到若兰寄锦，窦涛回心转意将若兰拥抱在怀里的时候，她的角色落幕，甚至于永久的寂寞，也算可怜。

一场关于爱情的争夺本来就不公平，但在道德的角度上我们仍然需要站在若兰的位子上为她加油，赞颂她。因为这出于对一个女子的保护，对于窦涛的愤恨。赵阳台命途多舛，是现实对她的残酷，取决于爱情的单一性。

女人啊女人，当爱情里需要用争夺的方式来埋葬自尊的时候，多半两败俱伤，都输了。

《璇玑图》是苏若兰所作，这个女子的爱情，在这个时代绽放得热烈，八百四十一言，二十九行二十九列，八寸的锦缎徘徊婉转的章节暗藏了多少相思。《璇玑图》本身，就赏心悦目至极，加上有一段破玉重圆的故事，美得泪盈于睫。

琴清流楚激弦商秦曲发声悲摧藏音和咏思惟空堂心忧增慕怀惨伤仁
芳廊东步阶西游王姿淑窕窈伯邵南周风兴自后妃荒经离所怀叹嗟智
兰休桃林阴翳桑怀归思广河女卫郑楚樊厉节中闱淫遐旷路伤中情怀
凋翔飞燕巢双鸠土逸逶路遐志咏歌长叹不能奋飞妄清帏房君无家德
茂流泉情水激扬眷顾其人硕兴齐商双发歌我衮衣想华饰容郎镜明圣
熙长君思悲好仇旧蕤葳粲翠荣曜流华观冶容为谁感英曜珠光纷葩虞
阳愁叹发容摧伤乡悲情我感伤情徵宫羽同声相追所多思感谁为荣唐
春方殊离仁君荣身苦惟艰生患多殷忧缠情将如何钦苍穹誓终笃志贞
墙禽心滨均深身加怀忧是婴藻文繁虎龙宁自感思岑形荧城荣明庭妙
面伯改汉物日我兼思何漫漫荣曜华雕旗孜孜伤情幽未犹倾苟难闱显
殊在者之品润乎愁苦艰是丁丽壮观饰容侧君在时岩在炎在不受乱华
意诚惑步育浸集悴我生何冤充颜曜绣衣梦想劳形峻慎盛戒义消作重
感故昵飘施愆殃少章时桑诗端无终始诗仁颜贞寒嵯深兴后姬源人荣
故遗亲飘生思愆精微盛翳风比平始璇情贤丧物岁峨虑渐孽班祸谗章
新旧闻离天罪辜神恨昭感兴作苏心玑明别改知识深微至嬖女因奸臣
霜废远微地积何遐微业孟鹿丽氏诗图显行华终凋渊察大赵婕所佞贤
冰故离隔德怨因幽元倾宣鸣辞理兴义怨士容始松重远伐氏好恃凶惟
齐君殊乔贵其备旷悼思伤怀日往感年衰念是旧愆涯祸用飞辞恣害圣

207

洁子我木平根尝远叹永感悲思忧远劳情谁为独居经在昭燕莘极我配
志惟同谁均难苦离咸戚情哀慕岁殊叹时贱女怀叹网防青实汉骄忠英
清新衾阴匀寻辛凤知我者谁世异浮奇倾鄙贱何如罗萌青生成盈贞皇
纯贞志一专所当麟沙流颓逝异浮沉华英曀曜潜阳林西昭景薄榆桑伦
望微精感通明神龙驰若然傃逝惟时年殊白日西移光滋愚谖漫顽凶匹
谁云浮寄身轻飞昭亏不盈无傃必盛有衰无日不陂流蒙谦退休孝慈离
思辉光饬粲殊文德离忠体一违心意志殊愤激何施电疑危远家和雍飘
想群离散妾孤遗怀仪容仰俯荣华丽饰身将与谁为逝容节敦贞淑思浮
怀悲哀声殊乖分圣贤何情忧感惟哀志节上通神祇推持所贞记自恭江
所春伤应翔雁归皇辞成者作体下遗菥菲采者无差生从是敬孝为基湘

念《璇玑图》，只觉得有如初读《春江花月夜》的惊艳，只是若兰不是若虚，
但是他们是同一种孤绝，久久地，不绝人世。

苹满丁州人未归，所以为你织锦，为了婉转你的心意。那声声如诉，有一
种含蓄而内敛的芬芳沁入心脾。

思妇我们所见的太多，一般都思成了怨妇。民间传说，久浸思念的若兰每
天都以诗文消遣时光，若兰把玩茶壶发现，壶身上绕着圈刻了一圈字——"可
以清心也"，她玩着玩着，忽然发现这五个字不论从哪个字开始读，都可以成
一句颇有意趣的话，于是灵感顿至，她设想可以利用这种巧妙的文字现象，来
构成一些奇特的诗，这便是《璇玑图》的来源。

璇玑呢，原意是指天上的北斗星，之所以取名璇玑是指这幅图上的文字，
排列像天上的星辰一样玄妙而有致，知之者可识，不知者望之茫然。当然，其
中也暗寓她对丈夫的恋情，就像星星一样深邃而不变。

解《璇玑图》是需要一些灵性的，窦涛说："这是我家言语，不是我家的人，莫能解也！"不同格式，多种文体，她在诉说着同样的主题——诉说思念，解释相思。她聪明，懂得用女子的软弱来挽回爱情，男人心疼的，是柔情似水的温柔。她将心展现给他，满腔的思念毫无保留。她赢了，和文君一样，赢回了她的感情，他们彼此享受这份爱情到老，恩爱了一生。

这是个很美好的结局，原本不该再有下文，只是自己突然想起若兰当初面对负心人的种种失望，不忍停笔。我始终不愿意叫她苏惠叫她若兰。若兰，多美的名字，兰花是浓郁而沉淀的香，没有牡丹绰约的风姿，却有桂花一样迷人的芬芳。她不是王权富贵，但是也不用干活，在那些没有他的日子，一定是无聊而空虚的，日复一日地相思相思，不知道她的心里面是怎么样的煎熬，挨过了漫漫长夜。最后得到了，可最初那个相濡以沫的感情呢？还在吗？

相如当年春风得意，爱上了席间的舞姬，赵阳台却是他养在家里的女人。这两个男人对于这两个命运相似的女人的爱怕是不同的，我相信司马相如是爱文君的，他接到《白头吟》的时候除却悔恨还是悔恨，而窦涛，更多的还是愧疚吧。

写到这里不禁要停笔笑笑自己了，或许是自己爱极了司马相如的文采，爱极了他笔下光辉的《子虚赋》，华美而又飘逸。这发自内心对于才子的一种热爱，碰到了同样的故事，于我的心自然也偏向于他。男人是需要有被认知的才气的，剑舞的凌厉完美，权势抓得坚固可靠，统统是一时的，唯有文字，能刻入人的心里，记入史书，被人铭记。请原谅我的偏心，也原谅我的跑题。

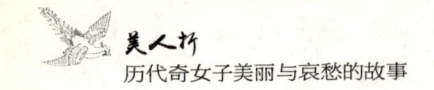

我想象中的若兰是文静若兰的女子,埋头熬夜的灯光空瘦,低吟亦是风华绝代,只是输掉了爱情,掉进了一段不幸福的哀伤里。窦涛于她,早已经不是伸手就可以触及的,即使他陪在她身边,也不过雾里看花,终隔一层。

　　当内心被内疚所纠缠,就失去了爱的能力。苏若兰挽救了爱情,拴住了男人,却忘记了,爱情是最初始,最干净,最纯真的部分,任何杂质都不能沾染。

　　不知道,暮年回首往事,会不会想到现在是否幸福。希望她不懂,一辈子守在自己织就的故事中,垂垂地老去,看尽夕阳,许下那少女的心愿:能不能,不慕春光,不染凄凉。

　　心花怒放,开到荼蘼。

　　我似乎看到她脸上有寂寞的红唇,一如当年,一般寂寞。

[九章]

生活让我逆来顺受，我只能对它保持距离

朱淑真

上天给了她不凡的才华，却剥夺了她想要的幸福。她没有失色，只是多了惆怅哀伤，少了期待欢唱。

不曾想过，为易安写一篇悼文。她是浮华的词坛举足轻重的人物，古今有多少为她而作的哀歌，何况，她幸福过——拥有那些曾与赵明诚赌书泼茶的日子。而有一个人，上苍给了她不下于易安的才华，却剥夺了她想要的幸福。

喜欢淑真一句"独行独立，独唱独酬还独卧"，五个"独"字，似横旷而出，满含着幽怨喷薄而出，是内心底下最深沉的绝望。在去往可以得到自由彼岸的途中，她倾尽一生之力，那份孤单感，也成了她诗篇泣血的主题。

我想，是她那份隽永的孤单让我不禁触笔。在一个机缘巧合的日子，我和她相遇。我用心头最悲悯的同情换了她的真心，然后，写一写自己的感动和怀念。

她是出身官宦世家的女子，从小善绘画、工书法、精女工、通音律、懂诗赋。我始终不明白，从小那么认真培养她的父母怎么会将她嫁给一个俗吏，或许，这仅仅是为了让她"衣食无忧"罢。曾经读她的那首："初合双鬟学画眉，未知心事属他谁？待将满抱中秋月，分付肖郎万首诗。"觉得她是少年梦幻中的女子，或许会幻想有一位情投意合的翩翩公子，许你诗书，许你琴棋和天涯。死生契阔。你们吟诗，咏和，心意相通。

然而，人生的悲凉在理想与现实的极大落差中仿佛有了存在的理由。

在现实的面前，曾经那些不堪世俗击破的理想显得是那样的幼稚可笑。可你是"掬水月在手，弄花香满衣"这样的女子，却怎么最后弄到以泪水作墨、用不幸堆砌文字的地步，那些字里行间的愁溶不开，化不掉，萧索极了。

她有过一如李清照似的欢笑童年，她留下的那篇散文《璇玑图记》，有过"初家君宦游浙西，好拾清玩，凡可人意者，虽重购不惜也。一日家君宴郡，悴衙偶于壁间见是图，偿其值，得归遣予。于是坐卧观究，因悟璇玑之理，试以经纬求之，文果流畅……"的描写，她是有才气的，从年少就毋庸置疑。

朱淑真的字也很好，她有一卷书法珍品，名叫《玉台名翰》，原来题作《香闺秀翰》，上面有卫茂漪、张妙静、朱淑真、沈清友、曹妙清、管仲姬、柳如是等著名才女的书法。后人对淑真的字评语是"银钩精楷"。

尽管今天她的笔墨早已如烟似灰，但是，我们还是能间接找到一些蛛丝马迹。明代著名画家杜琼在朱淑真的《梅竹图》上曾题道："……观其笔意词语皆清婉……诚闺中之秀，女流之杰者也。"明代大画家沈周在《石田集·题朱淑真画竹》中说："绣阁新编写断肠，更分残墨写潇湘。"

这世间最凄凉的三件事——鸳鸯分飞，才女幽栖，知交半零落——她不幸遭遇了第二件。上天把不幸带给了她，整个钱塘县都知道她是郁郁而终。

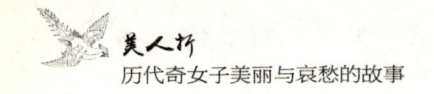

才女幽栖。父母将她许给了世俗小吏。

她忿忿，却只能忿忿而已。离开是无从说起，所以选择在空闺中闷着，和着泪水作百无聊赖的断肠词，发出"鸥鹭鸳鸯作一池，须知羽翼不相宜"的伤叹，写出"宁可抱香枝上老，不随黄叶舞秋风"的抗争。

才华有时候是很讨厌的东西，它们抒尽了人的一切情绪，藏都藏不住。可是这份情绪经过笔头发泄过后，身体里那份抗争的力量就像是被抽离了一样。

恨，恨遭逢的所有不幸，可似乎，也只能这样了。

红拂女没有几个。

她做不到夜奔。

她那首柔韧又触动心弦的孤独的《减字木兰花·春怨》是这样吟唱的：

独行独坐，独唱独酬还独卧。

伫立伤神，无奈轻寒著摸人。

此情谁见，泪洗残妆无一半。

愁病相仍，剔尽孤灯梦不成。

她的词永远都是"淡语皆有味，浅语皆有致"，如同这阙《春怨》一般，浅白直抒，但又似乎置人于夜色拢和的天上，用"轻寒"在一种远离尘埃的心灵田径中勾勒出她的"春怨"。

诗人翟永明的组诗《登陆及其他》里有这样几句：

九章　生活让我逆来顺受，我只能对它保持距离

唯我独知、独笑、独骄傲

想你在远方

独行、独坐、还独卧

一个独字

开出了两朵花

正如他言，一个独字，开出了两朵，寂寞、孤高的花。

独吟的人，是云游在野，满腹忧愁地想念，风起云涌，浑然间忘乎自我。世人总是喜欢将她和易安放在一起，因为她们都是旷古绝今的奇女子。春来轻寒的日子，有一种幽怨油然从心底生出，斟酌成句，淹没心旌。"独行独坐，独唱独酬还独卧"，如同易安的"寻寻觅觅，冷冷清清，凄凄惨惨戚戚"，直入人的心底层。

春，本该是嫩草如烟，万物生命欣欣然被沉睡的生命力所唤醒，但于她而言，弦断无人听，是心有戚戚焉的爱恋，是忧心忡忡的憔悴。生命于她而言，是行行走走无计消愁的自和自唱，在无数次的伤神伫立凝望的瞬间，她的影子，被泪洗残妆的孤单所拉长，拉长到无限的光年中，至今日，再到更长以后的生生世世。

两朵花，是旖旎无限的繁华尘世中独立的空间。她希望的是举案齐眉的温暖以及陪伴，她希望在她的生命中，有一个可以与她惺惺相惜的人在爱情中携手远行，可现实荒诞，终成泡影。

她挑尽孤灯，起起伏伏、明明灭灭的情思搅得人无法成眠，她在"孤灯"

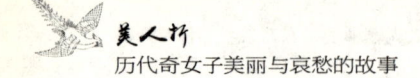

中独对幻觉。她绝望,现实一点一点地榨干她的梦想的时候她就开始绝望。她用文字强大的力量在牵念文字以外的不幸中,一路唱着芬芳,唱着抗争,亦低吟着悲歌。诗是不会随时间的推移而改变的东西。用一种自由的方式,读那种弥漫私人情感的东西、料峭未灭的心路,尤其悲伤。

淑真,不曾占得一春,却空有千百诗意,最终落得终世幽栖。

曾经听过这样一支曲子,前面是春光明媚,如同山溪流水的轻快,到后来,音调转黯然,配着这个曲子的,是一个绝美的故事:一个男子深爱着一个女子,他们私奔后住在一个美丽无比的世外桃源,可是男孩却在为女孩上山采药时跌落悬崖摔死了。

这样的曲子,总会让人想到淑真的变化,在写她的时候,我的脑海中一直盘旋着这首曲子。淑真曾在少女时候写过欢快明丽的《春景》诗:"斗草寻花正及时,不为容易见芳菲。谁能更觑闲针线,且滞春光伴酒卮。"她要趁着明媚的春景,寻觅鲜花与女伴,斗草戏耍。

在经历了人世的辛酸折磨之后,她没有失色,至少我们看到的她没有,没有改变,只是多了惆怅哀伤,少了期待欢唱。她填词,唱曲,弄花香满衣,纵然是千娇百媚,却无人欣赏。这样的她总会让我想起民国女子陆小曼,王赓不是她的天子,可她遇见了徐志摩,他们有多少年在一起可以爱恋,那相遇是极美的,如《春闺梦》里的王辉与张氏,徐志摩后来死了,陆小曼成了未亡人,还是受万夫所指的妖女陆小曼,可至少,她那样爱过一场,那个一眼看透当时的王太太是寂寞的男人和她有过爱情。她不孤单,因为他自始至终都是那片云,投影在她的波心,她守着相思和回忆,孤单却充实。而朱淑真,是个连回忆和未来都没有的女子，一路风景，她从未驻足去看，如闪电般的婚姻灭亡了一个女子十几年来关于爱情的理想，甚至，她连解她的人都没有，她没有遇到她生命里的徐志摩，乐意请她跳一场舞，然后对她说，太太，你是孤独的。她满心以为，嫁了人就是诗书棋画，酒舞笙箫，却不曾想会有这样的孤单落在她头上。

她唱寂寞的歌给自己，舞孤单的旋转给自己，所以永远是独的。因为她独自骄傲，而那独，开出了花，生命对她成为独唱独和，却仅仅是独唱独和，简单的愿望也仅仅是简单的愿望。文字的力量是强大的，在懂得驾驭文字的人的手里它可以变成刺入人心的利剑，许多抗争和悲歌，在她笔下婉转而出，却带走无限的力量。那是自由的却弥漫着私人的感情的东西，承载着如料峭却没有春风的心路历程，她的青春流走，在挥霍的孤单中，她曾经写过《送春》吊唁她那四季的恨和哀伤：

在楼外垂杨千万缕，欲系青春，少住春还去。
犹自风前飘柳絮，随春且看归何处？
绿满山川闻杜宇，便作无情，莫也愁人苦。
把酒送春春不语，黄昏却下潇潇雨。

春是决然而然地走了，她想留住春天就像是想留住她垂垂老去的年华似的，可它走得似飞絮轻盈，伴着杜鹃的哀鸣，一季一季地凋零着一年一年的光景。

那个柔媚的，被千古传唱的女子，是在水面飘零的琼花，是净土里的莲露，是一抹流离的暗香。烟花剪不开的愁，汇聚成了她的一抹碎影。小楼戚戚的夜，梦里的津渡，风来尘往。在风里尘中来来往往，黄昏潇潇暮雨，都是眼泪，是她一世的孤独。

她终于去了,她的身后,是无数凭吊她的人。可她的父母对于她,是不解,是怨恨,气愤之下烧光了她所有用心去凝结的心血。那些记得她的后人见其诗词中多处出现了"断肠"二字,所以以《断肠集》称其诗,以《断肠词》称其词。另外,她还作了《断肠谜》。

下楼来,金钱卜落;问苍天,人在何方?
恨王孙,一直去了;詈冤家,言去难留。
悔当初,吾错失口;有上交,无下交;
皂白何须问?分开不用刀;
从今莫把仇人靠;千里相思一撇消。

这世上,怎么可能事事如愿呢。
岁月长,衣裳薄。
这个如桂子零落的女人,在今世,在这样的季节,我以心泪一捧,凭吊你温润的犹如白兰一样芬芳的香魂。

甄宓

被人爱是幸福的，但是被权力爱是不幸的。她就是在这样一场输赢难定的迷局中困住了自己。

站在车站看着来回过往的车，急促的雨声甚至遮挡住了汽车鸣笛的声音，但耳朵还是被一抹声音留住，声音来自一个正在奔跑的男孩，他没有撑伞——确切来说，大大的伞开着，但举在身侧，没有为他遮住如豆大雨。

我看着雨点急促地打湿了他的头发、他的衣裳，但他的视线一直追随那辆停在我面前等待启动的公交车。我看到许多人慢慢地上车，安静地坐下，等待汽车带着他们去他们想要到达的地方。男孩在远方深情地喊，我想努力听清楚，却被雨声和我周遭的交谈声音所覆盖，直到他走近一些。

我发觉自己已经被他吸引挪不动脚步，有些不好意思，像偷听了别人的秘密。

他模糊不清的声音刺激着我的耳膜，仔细辨认，原来他不是追车的。我顺着他的目光看去，他声音的目的地是属于那个即将上车的大男孩的。大男孩显然被怔住了，惊讶地回头，抱住这个在他眼前的小孩子，他们站在我的身边，大男孩静静拍着小男孩的肩膀，很明显，小男孩子哭泣了。

我瞥见大男孩露在手里的校牌，听着小男孩嘴里委屈的话，他说："哥哥我怕，送我上学。"

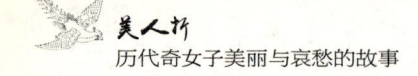

我对自己说大男孩会迟到的。

可是大男孩微笑着，撑着伞，看也不看那个即将开走的公车，扶着弟弟过马路，去对面那个不远的小学。

那个微笑，美得迷人。

这个街头小景，从头到尾不过几分钟的事情，但刹那间，我觉得那个背影伟大，伟大得让自己动容。也许是他们给了我某些情绪，心底一酸，想到那个千年前没有享受过亲情的男子——一个我深爱至极的诗人。

他是寂寞的，不论亲情，还是爱情。这些世界上最美丽、最珍贵的情愫通通与他无关，只是因为他生在帝王之家。他是冰冷的，自始至终的冰冷。

是的，我想起了子建，想起了他的文采，他的传奇。

想起了甄宓。

原谅我语焉决绝，或许，子建是享受过亲情的，这份情或来自父亲，或来自于母亲，或来自于兄弟瞬间的关心。只是，不论在任何时代，当亲情变成政治的牵绊或者障碍的时候，这东西必然被割舍。李世民玄武门一战，雍正登基九曲回肠，统统把亲情压在心底，让欲望灭了心火。

乱世之于英雄，是施展抱负才华的大好机会，乱世是需要枭雄的，需要有像子建的父亲曹操一样的文韬武略的男人，但是于文人而言，是一场浩劫——即使，乱世的文化世界繁荣锦绣，百家争鸣。

但是，在乱世中，像子建这样的男人只有一个。

谢灵运如是说："天下才有一石，曹子建独占八斗，我得一斗，天下共一斗。"这是多豪气的一句话，依谢公式的傲气，在子建面前也宁愿屈居下风，子建才华飘逸，毋庸置疑。

在品论古代女子的美中，从来就不会有超过出子建的《洛神赋》和宋玉的《神女赋》的。这两篇诗歌是中国文坛经久不衰的奇葩，它美丽，它灿烂，它存在的意义早已经不是一生一世的诗歌了。

说子建，我们自然得从子建的七步诗说起，这是个自小就会听到的故事。

乱世治天下，文采是否出众不是选官的全部需要，更何况在那个野蛮的冷兵器时代。我始终想不通曹丕既然已经夺了二弟曹章的兵权，又逼得曹熊上吊，为什么连最后一点的亲情都不顾，要将心头最后一点疑虑也拿出来，打破子建对于亲情的希望。

晚宴之上，觥筹交错，一派喜乐融融的景象，曹丕让子建以七步之距吟诵一首诗，笑意盈盈，对着亲爱的弟弟，补了一句，否则杀身。

他若无其事，高高在上地看着弟弟，举杯对饮，好一副相亲相爱的场面。

他终于忘却了多年来的兄弟情深，在政治与权力统一的关头，他舍弃了亲情。史书上有玄武门之变，雍正即位前的皇太子之争，这些被权力泯灭良知的男人们，为了达到人生的最高峰，不断地残杀，杀尽一切自己的假想敌。

到底，是心着魔了，为权力所淹。

子建走了三步，缓了缓，内心翻滚了太多太多情绪。然后一步一吟，一吟一句，他吟：

煮豆燃豆萁，豆在釜中泣。
本是同根生，相煎何太极。

多走一步，便可以有剑穿过他流血的心，而他坐在高堂，静静地聆听着，

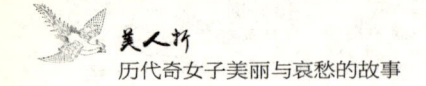

即使这样句句深情，他仍然将二弟子建贬成安乡侯，几近灭乎天性的男人王朝是一片冰冷，和他一样没有生机。

如果子建是一个逍遥的人多好，不必担负王朝赋予的使命，他便可以不谈爱情，只说风月。他的爱情注定让他受伤。

那年那一场镜花水月，是他魂牵梦绕的哀伤。我们去寻找他的影子，须踩着三月的明媚，七月的哀伤，在风尘依依里眺望他的足迹。

终于讲到了她——甄宓。

陈寿说她："魏后妃之家，虽云富贵，未有若衰汉乘非其据，宰割朝政者也。鉴往易轨，于斯为美。追观陈髃之议，栈潜之论，适足以为百王之规典，垂宪范乎后叶矣。"

"江南有二乔，河北甄宓俏。"甄宓与大乔小乔比肩，美得当世闻名。《世说新语》中说她"其色非凡，惠而有色"。甄宓本是袁绍的儿媳，官渡之战后，曹操护其周全，将甄宓带回。后来，曹植、曹丕请求父亲将甄宓赐予自己为妃，曹操不忍与儿子争夺女人，遂赐甄宓于曹丕为妃。曹植神伤。

甄宓贤良淑德，纵然辗转于这么多男人中，命途坎坷，但嫁了人，定了心，礼数周全，全心全意地服侍着曹丕。可又如何，仍在争权夺势的后宫中为郭皇后所害。终"以发覆面，以糠塞口"，凄凉至极。

她曾写过诗歌，向曹丕诉其冤情，奈何，这生爱错了人，一切都错了。

蒲生我池中，其叶何离离。
傍能行仁义，莫若妾自知。
众口铄黄金，使君生别离。
念君去我时，独愁常苦悲。

想见君颜色，感结伤心脾。
念君常苦悲，夜夜不能寐。
莫以豪贤故，弃捐素所爱？
莫以鱼肉贱，弃捐葱与薤？
莫以麻枲贱，弃捐菅与蒯？
出亦复何苦，入亦复何愁。
边地多悲风，树木何修修！
从君致独乐，延年寿千秋。

河水弥漫了哀伤，这个传说是被父子三个人争抢的女人，只是因为权力的存在，旨意的下达，就必须嫁给一个冷血又无情的人。我总觉得，不要奢求帝王去享受爱情，或许他们就不会爱，他们的内心早已被权势所腐蚀，内心享受的，只是成功与得到的快乐。

被人爱是幸福的，但是被权力爱是不幸的。甄氏无疑是不幸的，在这样一场本来就输赢难定的迷局中困住了自己。

子建请求曹操，将甄氏许配给他，操乱点鸳鸯谱，让儿子子建的心撕裂。
子建的感情仿佛一直停留在暗恋阶段，曾经的自己，一度认为暗恋是最美好的事情，那种享受一言一语满足的喜悦是最幸福的事情。本以为暗恋是春花秋月的美，但发现当爱连说出口的机会都没有时，有种无罪却被判了死刑的绝望。
假如，我是说假如，曹操当年将甄宓许与曹植，她会有怎样的结局呢？总比事实的结局好些吧。

223

在他们纠缠的爱情里,她不见得会接受子建的心意,所以他们算是无疾而终吧。可是总是让人觉得是谁欠了谁的。暗恋,终究是会过去的,青涩的少年总是沐浴在自己为自己设计的浪漫中,现实中却行同陌路,这大抵就是爱情的怪异了吧。

甄宓死的那年,曹植到洛阳朝见哥哥,甄后生的太子曹叡陪皇叔吃饭。曹植看着侄子,想起甄后之死,心中酸楚无比。饭后,曹丕将甄后的遗物玉镂金带枕送给了曹植。

他近不了她的身,生前亡后,她留给他的只是记忆中的音容,还有飘扬的玉缕金带。他甚至,带不走她的笑貌。

曹植睹物思人,在返回封地时,夜宿舟中,恍惚之间,遥见甄妃凌波御风而来,曹植一惊而醒,原来是南柯一梦。回到鄄城,脑海里还在翻腾着与甄后洛水相遇的情景,于是文思激荡,写了一篇《感甄赋》。四年后(公元234年),明帝曹叡继位,为避母名讳,遂改为《洛神赋》。

黄初三年,余朝京师,还济洛川。古人有言,斯水之神,名曰宓妃。感宋玉对楚王神女之事,遂作斯赋。其辞曰:

余从京域,言归东藩。背伊阙,越轘辕,经通谷,陵景山。日既西倾,车殆马烦。尔乃税驾乎蘅皋,秣驷乎芝田,容与乎阳林,流眄乎洛川。于是精移神骇,忽焉思散。俯则未察,仰以殊观,睹一丽人,于岩之畔。乃援御者而告之曰:"尔有觌于彼者乎?彼何人斯?若此之艳也!"御者对曰:"臣闻河洛之神,名曰宓妃。然则君王所见,无乃是乎?其状若何?臣愿闻之。"余告之曰:"其形也,翩若惊鸿,婉若游龙。荣曜秋菊,华茂春松。仿佛兮若轻云之蔽月,飘飘兮若流风之回雪。远而望之,皎若太阳升朝霞;迫而察之,灼若芙蕖出渌波。襛纤得衷,修短合度。肩若削成,腰如约素。延颈秀项,皓质呈露。芳泽无加,铅华弗御。云髻峨峨,修眉联娟。丹唇外朗,皓齿内鲜,明眸善睐,靥辅承权。瑰姿艳逸,仪静体闲。柔情绰态,媚于语言。奇服旷世,骨像应图。披罗衣之璀粲兮,珥瑶碧之华琚。戴金翠之首饰,缀明珠以耀躯。践远游之文履,曳雾绡之轻裾。微幽兰之芳蔼兮,步踟蹰于山隅。于是忽焉纵体,以遨以嬉。左倚采旄,右荫桂旗。攘皓腕于神浒兮,采湍濑之玄芝。余情悦其淑美兮,心振荡而不怡。无良媒以接欢兮,托微波而通辞。愿诚素之先达兮,解玉佩以要之。嗟佳人之信修,羌习礼而明诗。抗琼珶以和予兮,指潜渊而为期。执眷眷之款实兮,惧斯灵之我欺。感交甫之弃言兮,怅犹豫而狐疑。收和颜而静志兮,申礼防以自持。于是洛灵感焉,徙倚彷徨,神光离合,乍阴乍阳。竦轻躯以鹤立,若将飞而未翔。践椒涂之郁烈,步蘅薄而流芳。超长吟以永慕兮,声哀厉而弥长。尔乃众灵杂遝,命俦啸侣,或戏清流,或翔神渚,或采明珠,或拾翠羽。从南湘之二妃,携汉滨之游女。叹匏瓜之无匹兮,咏牵牛之独处。扬轻袿之猗靡兮,翳修袖以延伫。休迅飞凫,飘忽若神,陵波微步,罗袜生尘。动无常则,若危若安。进止难期,若往若还。转眄流精,光润玉颜。含辞未吐,气若幽兰。华容婀娜,令我忘餐。于是屏翳收风,川后静波。冯夷鸣鼓,女娲清歌。腾文鱼以警乘,鸣玉鸾以偕逝。六龙俨其齐首,载云车之容裔,鲸鲵踊而夹毂,水禽翔而为卫。于是越北沚。过南冈,纡素领,回清阳,动朱唇以徐言,陈交接之大纲。恨人神之道殊兮,怨盛年之莫当。抗罗袂以掩涕兮,泪流襟之浪浪。悼良会之永绝兮。哀一逝而异乡。无微情以效爱兮,献江南之明珰。虽潜处于太阳,长寄心于君王。忽不悟其所舍,怅神宵而蔽光。于是背下陵高,足往神留,遗情想像,顾望怀愁。冀灵体之复形,御轻舟而上溯。浮长川而忘返,思绵绵督。夜耿耿而不寐,沾繁霜而至曙。命仆夫而就驾,吾将归乎东路。揽騑辔以

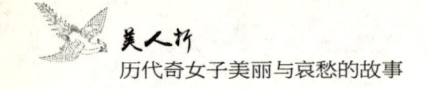

抗策，怅盘桓而不能去。

那些噎在喉咙里的话为这位女子所念所吟，但所发出的都是无声。当赤道留住雪花，眼泪融掉细沙，你肯珍惜我吗？如果，她的魂灵可以看到子建为她在洛水之滨低吟，她会不会被感动？守在洛水之畔，安心守护，一个男子对她的爱。

往往我们只要一转身，就可以看到一份爱情。或许，甄宓从未想到在她的终后，为她悼念的不是那个熟悉而又陌生的子桓，而是安静守护她的子建。

总觉得三个人的恋爱像极了狗血八卦的偶像剧的桥段，人生与戏剧，本身就是相辅相成的。或许，这就是一场美丽的误会，可我希望这场误会不要被纠正，让那个乱世的眼眸显现出一种比雨意更柔软的湿润。

有些爱，是需要时间的流逝去慢慢证明。

最近一直在看一场黑白的老电影，依旧会沉醉在赫本如花绽放的笑容里，她的美，只需要两种颜色去表白，而子建的爱情，只需要一种情绪，更为简洁，也更为忧伤。

这爱情，从一开始就无法沦陷。

希望是暧昧，可是总是比绝望来得好些。人常道女子心思细腻，但男人若是动情，遇上情事，一触即发。当杂糅至绝望的边缘就仿佛陷入一个深邃的漩涡，他无法自拔，亦没有人可以挽救，所以男子往往将爱掩藏得深深的，如果受伤，将会陷入万劫不覆的境地。他们一旦爱上，勿复质疑天崩地裂，只是这段过程需要的是漫长时间的证明。

有时候自己暗自思量,付出真心以及付出后的代价。

曾经深深痴迷古老的爱情传说,便很固执地相信缘分的存在,相信世界上一切因果注定,只是过程不同罢了。人由生到死,历经轮回,也不过是一瞬间而已。老天,给了人生不同的色彩,爱情是浓墨重彩的一笔。我们所观光的,是亘古不变穿越少年心的情歌,所追寻的,也不过是内心那份爱情与现实的交接。

子建的存在对于历史并无影响,他不是改变历史的人,历史却将他的爱情绵延传承不绝。

他缔造,我倾听。从远古传来的情话,那些记忆中她最美的音容。

蔡文姬

她本该是洁白如洗的白云，潇洒飘逸，可世道将她错落红尘，孤独、怆凄，如乱世一般的忧伤。

记不得是在哪部电视剧里面，看到曹操和蔡文姬的纠葛爱情，一直以为他们是有过一段缘的。

我久久未忘那幕场景，曹操抓着文姬的手，念着"对酒当歌，人生几何"，我也是从那个时候知道曹操，知道蔡文姬，知道《短歌行》的。直到长大一点，我知道了有来莺儿这样一个女子，才知道曹操爱的不是她。

这该死的电视剧。

可是这个女子身上散发出来的才女的独特气息，还是深深吸引了我。

古人将她与班昭合成"班蔡"，班昭一生较文姬是幸福的，平和的。文姬出生在乱世，这辈子就应了一个"乱"字。

胡汉的恩仇，从古到今我们一直在说，《天龙八部》萧峰这个可以"赤手屠熊搏虎，金戈荡寇鏖兵"的男子，也是因为前辈的恩怨而将自己的生命纠葛其中，文姬也是挣扎在胡汉恩仇中间的女子，那样无奈而脆弱，为恩仇恩断默默买单。

曹孟德是我喜欢的男子，不论笔记小说怎样刻画，把他描绘成一个白脸奸臣，我还是爱他的文采，爱他的雄才大略。从《三国演义》开始，我们就习惯性地将他认为是多疑毒辣的人，这是对于吴承恩的最好肯定，但对曹操而言则是最大的悲哀。

古今英雄，大都是枭雄，如果没有一副缜密的心肠，早已经被人杀戮在刀剑下。史册上留名的，大都是如曹操这样的枭雄，我们所认为的英雄，也许历史刻意地遗忘了他们一部分故事。

汉献帝到处流浪时，曹操独具慧眼，"挟天子以令诸侯"，在汉末的陆离中他独居一方手握重兵。他招募流民实行屯田，破除门第唯才是举。这样的男子若是成了帝王，天下必定是一个繁荣的朝代，可惜的是，他败于赤壁之战，天下大势，三国鼎立。

曹操的才华是毋庸置疑的，中国文学史是少不得这个男子的，念他的文章，会随他而沉迷。我们都知道"老骥伏枥，志在千里"，都知道"日月之行，若出其中；星汉灿烂，若出其里；幸甚至哉，歌以咏志"，都知道"忧从中来，不可断绝"。

英雄有英雄做知己，主席毛泽东便是他穿越时空的知己吧。他说："对曹操不能'欲加之罪，何患无词'"，他更写"魏武挥鞭，东临碣石有遗篇"。说到底，这个男人给我们的记忆，远远要比刘备、孙权出彩得多。

曹操是因着乱世展开了自己的宏图大业，而文姬因着这乱世却一生飘零。文姬和曹操的缘分与爱情无关，文姬的父亲蔡邕是鼎鼎大名的书法家文学家，也是天文学家，因感念董卓被治罪。他和曹操相知相惜，是曹操的良师益友，作为才子他们有相通的地方，继而成为莫逆之交。文姬有这样的父亲做指引，

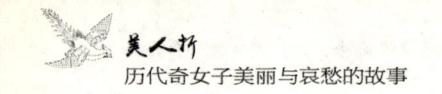

她的才情，不似寻常文人，只是误堕了凡尘的劫。

《三字经》中就讲"蔡文姬，能辨琴。谢道韫，能咏吟。彼女子，且聪敏。尔男子，当自警"。

在说她的故事之前，先说一个"辨琴"的故事。

每一把琴都有一个美丽的故事，比如司马相如的绿绮琴，比如文姬的焦尾琴，这是个关于焦尾琴的故事。

焦尾琴似是一把通灵性的琴，和文姬有缘。一次，厨师烧火的时候，蔡邕听见木头轰然爆裂的声音，知道这是好木材，他抢了出来制成了琴，因琴尾有烧焦的痕迹所以这样命名。文姬十岁的时候，蔡邕在室外弹琴，断音之弦被文姬立刻断明，她便与琴结了缘。后来，蔡邕将这把焦尾琴送给女儿，也是这把琴，陪伴着她度过了后来的孤单岁月。

说到她的诗文，当提她作的《悲愤诗》。这是以她生活为本的自传体叙事诗，其实她的一生用简单的语言就可以说得清楚，可是这各种悲哀艰辛须得自己体验过才能明了。这样一个心高气傲的女子先是被卫仲道家里人说做克夫，后来父亲死去，世道大乱，一个孤单漂流的女子被胡人掳去，在匈奴生活了十二年有余，后来被曹操重金赎回做了董祀的妻子，生活才有了安定。但她毕竟为了人妻十二年，纵然对左贤王没有一丝爱意，骨肉亲情却很难抛弃。

所以我说，这样的悲哀须得一个人自己走过之后才懂。

"人生几何时，怀忧终年岁"是凄怨温婉，这样的温柔凄酸熏着我的眉眼。她的情、她的悲愤、她的一路，慢慢游走在诗中，那样只影子立，心下凄然。

230

九章　生活让我逆来顺受，我只能对它保持距离

悲愤诗（一）

汉季失权柄，董卓乱天常。志欲图篡弑，先害诸贤良。
逼迫迁旧邦，拥主以自强。海内兴义师，欲共讨不祥。
卓众来东下，金甲耀日光。平土人脆弱，来兵皆胡羌。
猎野围城邑，所向悉破亡。斩截无孑遗，尸骸相撑拒。
马边悬男头，马后载妇女。长驱西入关，迥路险且阻。
还顾邈冥冥，肝脾为烂腐。所略有万计，不得令屯聚。
或有骨肉俱，欲言不敢语。失意几微间，辄言毙降虏。
要当以亭刃，我曹不活汝。岂敢惜性命，不堪其詈骂。
或便加棰杖，毒痛参并下。旦则号泣行，夜则悲吟坐。
欲死不能得，欲生无一可。彼苍者何辜，乃遭此厄祸。
边荒与华异，人俗少义理。处所多霜雪，胡风春夏起。
翩翩吹我衣，肃肃入我耳。感时念父母，哀叹无穷已。
有客从外来，闻之常欢喜。迎问其消息，辄复非乡里。
邂逅徼时愿，骨肉来迎己。己得自解免，当复弃儿子。
天属缀人心，念别无会期。存亡永乖隔，不忍与之辞。
儿前抱我颈，问母欲何之。人言母当去，岂复有还时。
阿母常仁恻，今何更不慈。我尚未成人，奈何不顾思。
见此崩五内，恍惚生狂痴。号泣手抚摩，当发复回疑。
兼有同时辈，相送告离别。慕我独得归，哀叫声摧裂。
马为立踟蹰，车为不转辙。观者皆嘘唏，行路亦呜咽。
去去割情恋，遄征日遐迈。悠悠三千里，何时复交会。
念我出腹子，胸臆为摧败。既至家人尽，又复无中外。
城廓为山林，庭宇生荆艾。白骨不知谁，纵横莫覆盖。

231

出门无人声，豺狼号且吠。茕茕对孤景，怛咤糜肝肺。
登高远眺望，魂神忽飞逝。奄若寿命尽，旁人相宽大。
为复强视息，虽生何聊赖。托命于新人，竭心自勖励。
流离成鄙贱，常恐复捐废。人生几何时，怀忧终年岁。

悲愤诗（二）

嗟薄祜兮遭世患。宗族殄兮门户单。
身执略兮入西关。历险阻兮之羌蛮。
山谷眇兮路漫漫。眷东顾兮但悲叹。
冥当寝兮不能安。饥当食兮不能餐。
常流涕兮眦不干。薄志节兮念死难。
虽苟活兮无形颜。惟彼方兮远阳精。
阴气凝兮雪夏零。沙漠壅兮尘冥冥。
有草木兮春不荣。人似兽兮食臭腥。
言兜离兮状窈停。岁聿暮兮时迈征。
夜悠长兮禁门扃。不能寝兮起屏营。
登胡殿兮临广庭。玄云合兮翳月星。
北风厉兮肃泠泠。胡笳动兮边马鸣。
孤雁归兮声嘤嘤。乐人兴兮弹琴筝。
音相和兮悲且清。心吐思兮胸愤盈。
欲舒气兮恐彼惊。含哀咽兮涕沾颈。
家既迎兮当归宁。临长路兮捐所生。
儿呼母兮啼失声。我掩耳兮不忍听。
追持我兮走茕茕。顿复起兮毁颜形。

还顾之兮破人情。心怛绝兮死复生。

曹操为文姬安排了婚事,许她嫁给董祀。后来董祀做屯田都尉,因为犯法被判死罪,文姬为他求情,当时公卿、名士以及远方的使者宾客坐满了一屋子,曹操对宾客们说:"蔡伯喈的女儿在外头,今天让各位见见她。"等到文姬进来,蓬着头,赤着脚,叩头请罪,声音清亮,很会说话,那意思非常辛酸悲哀,大家都因此而变了脸色。曹操说:"我确实同情你和董祀,但是判决的文书已经送出去了,怎么办?"文姬说:"您马厩里有上万匹骏马,还有数不清的猛士,为什么舍不得让人骑一匹快马追回文书,救助一个将死之人呢?"曹操被她的话感动了,就追回判决的文书,原谅了董祀的罪过。

曹操又问道:"听说夫人家里原来有很多的古典书籍,还能记得起来吗?"文姬曰:"从前我过世的父亲留下的书籍四千余卷,因我远离家乡处境艰难,没有能保存下来,现在能记得背诵出来的,才只有四百多篇罢了。"曹操说:"现在我应该派十个书吏到你那里去抄写。"文姬说:"我听说男女有别,按照礼制男女之间不能亲口传授。请给我纸笔(自己抄写),是用楷书还是草书全听您的命令。"于是就凭记忆抄写,送给曹操。

文姬后半生姑且说是幸福的,她终于拥有了一个可以依靠的家,不论有爱与否,这已经不重要,吝啬冷漠也好,浅尝辄止也罢,至少生活平淡,再不用波澜,她已经怕极了大起大落的波折。

她曾写《胡笳十八拍》,写自己的离情遭遇,识得宿命真滋味,一步一步她走得艰难曲折,与其说她这样的女人是不幸,倒不如留些悲切痛心给她的诗词,人世有如栖息扶柳弱草,这山那山都是她的执着沉淀。唐人李欣曾为她写出这样的感叹:

蔡女昔造胡笳声，一弹一十有八拍；
胡人落泪沾边草，汉使断肠对归客。

旧时候的天气，旧时候的雨，于她而言是相似的一天。回乡似乎是一个等不来的日子，窗外的细雨被忧伤放大的如同雪花，看在眼里，冷了心扉。伊人像极了培在温室里馥郁浓香但毫无生气的茉莉，前尘往事对她没有什么相知相遇的细节，一切同一场噩梦似的，还是接踵而至。

幽兰之于深谷，粉荷之于淤泥，都是无限芳香。韶华映照，那样的味道在历史中只会愈来愈重。她从未懦弱怯场，或者说她连懦弱怯场的机会都没有，不怪谁，不怪世道，随缘而抛下的艰难在倾冗的天际中愈显得突兀，这样默默地接受，也是这样默默度过。

一个帝国只需要一个英雄就可以撑得起，一个乱世却需要众多的男子去演绎，且必须拥有许多女子作为填补——虞姬、浊醪、研媚。无须多述，这其中滋味是信念，也是关于执着的沉淀。

文姬这样的女子不需要太多的描写来抒情，只需用心静静体味她的滋味，其实许多事情当经过了我们就会记得了，当记得了就会体悟了。

人生便是这样，这样的奇妙，却又深沉如静水，触不见底，谁也不知道这底下会不会有深深的漩涡等待着你的脚步。

她本该是天上洁白如洗的白云，潇洒飘逸，高傲地做一个世家小姐，可是怎么知道世道将她错落红尘，一生一世孤独，一生一世倾诉，怆凄。呻吟。

她呀，是如乱世一般的忧伤。